AF619287

José Gregorio Hernández
Hombre de ciencia, hombre de fe

Gonzalo Medina Aveledo MD, Ph D

ISBN: 978-980-12-1898-2

armoniafetal@gmail.com
Instagram @armoniafetal

EDICIÓN 2025 Corregida y ampliada

NOTA PRELIMINAR

Este libro que tiene usted en sus manos, lo escribí en el año 2006, derivado de una experiencia mística que generó en mi la motivación necesaria para mostrarle a mis estudiantes de Medicina, la personalidad de un ser estudioso, de buen gusto, de humor jovial y afable, con un carácter alegre y dulce, gentil, servicial, abnegado, compasivo, generoso, caritativo, respetuoso, disciplinado, sencillo, obediente, de juicio sereno, como en vida lo fue José Gregorio Hernández, a quien le dedique primeramente esta obra. Lo escribí resaltando en nuestro biografiado primordialmente su condición humana, sus aciertos, sus temores, sus incertidumbres conjugadas con deseo de aprender y perfeccionarse cada vez más en su noble profesión.

Para el año 2006, el proceso de canonización lucia para el común denominador, como estancado, a sabiendas que llevaba tiempo recopilar y contrastar toda una investigación por parte de la iglesia católica. No sabíamos en ese momento cuando llegaría a ser santo.

Hubo de transcurrir 30 años después de su muerte (29 de junio de 1919), para que, el 9 de enero del año 1949, la Arquidiócesis de Caracas iniciara el proceso de canonización ante el Vaticano. 23 años después, en 1972 el Vaticano lo proclama Siervo de Dios, siendo este, el primer paso hacia la santidad. Transcurridos 14 años, es declarado venerable en el año 1986. La Iglesia católica lo convierte en Beato el 30 de abril de 2021 y cuatro años después el Papa Francisco aprueba el decreto para la canonización de José Gregorio Hernández y así llegamos al 19 de octubre cuando el Papa León IV lo canoniza como el primer santo médico de Venezuela.

En el 2006, escribí esta biografía de José Gregorio Hernández, venerable, hombre de ciencia y de fe. Que privilegio me ha dado la vida, de escribir sobre la vida de un santo.

DEDICATORIA

A MIS ESTUDIANTES de Obstetricia de Pre y Postgrado, del Departamento Clínico Integral del Norte, Escuela de Medicina, Facultad Ciencias de la Salud, de la Universidad de Carabobo, y a los estudiantes de Medicina en general.

Estas páginas han sido escritas para ustedes, para atraerlos a la virtud y a la fidelidad del deber; para que pongan su planta sobre la huella que nos dejó José Gregorio Hernández, hombre esclarecido, sapiente, piadoso y venerable. Vean como la bondad es lo que logra el amor, así como la voluntad basta para ser el apóstol del bien; si ello importa sacrificios, estos bien lo valen, por nuestros pacientes. Vamos de paso, nuestra mirada esta fija en ustedes. Sois como una hermosa flor, no os deshojéis antes de tiempo, porque sois la esperanza.

A MIS COLEGAS DOCENTES. Enseñar es un arte, es compartir nuestros conocimientos con la esperanza, sí, con nuestros estudiantes poseedores de una sed insaciable por aprender. José Gregorio Hernández fue un consumado educador, un intelectual que dominaba la materia, conocía los medios para trasmitirla y poseía pericia técnica consumada. De fácil dicción y expresiva forma vestía las ideas con múltiples y policromos atavíos para tornarlos accesibles a las distintas inteligencias. Antes de él, la educación eran meras figuras pintadas en los textos, palabras que se aprendían de memoria, con casi nula actividad práctica. Con él los fenómenos observables pasaron a ser apreciaciones biológicas que se podían verificar con una experimentación sistematizada y científica. Fue el que trajo el primer microscopio al país y enseñó su manejo, empleo e importancia; hizo conocer la teoría celular; motivó a sus estudiantes a investigar; los enseñó a pensar. Por este haz tan selecto de cualidades se convirtió en faro luminoso orientador.

A TI AMIGO LECTOR, que no podrás menos que estar de acuerdo cuando veas aquí combinado en la misma persona al sabio médico y al perfecto cristiano; al hombre de ciencia y al hombre de fe como estudiante, docente y médico. José Gregorio Hernández se enfrentó a los problemas con normalidad, pero con fe. Sufrió pruebas frente a unos compañeros de profesión avaros y materialistas. Pudo haber caído ante los halagos que le ofrecía la profesión o pudo haberse sacrificado menos. Pero no quiso eso. Para él la fe era un don precioso y su ciencia un camino para fortalecer aún más su fe.

IMPORTANTE

Las biografías contribuyen a la sana cultura, educación y tutela de las nuevas generaciones porque conectan los ánimos a nobles e interesantes recuerdos de edades y personas ya idas, acreedoras de perpetua consagración. Nuestro biografiado fue desde su juventud, un ser estudioso, de buen gusto, de humor jovial y afable, con un carácter alegre y dulce, gentil, servicial, abnegado, compasivo, generoso, caritativo, respetuoso, disciplinado, sencillo, obediente, de juicio sereno, buen bailarín, aparte que le gustaba tocar el piano, el armonio y el violín; de apariencia delgada, casi de un metro sesenta de estatura, piel blanca, rostro ligeramente ovalado, frente despejada, mirada vivaz clara y penetrante, ojos oscuros, nariz perfilada y labios delgados; pulcro y con un cuido exacerbado en su apariencia personal, de pensamiento altruista, cristiano de fe ejemplar, médico filántropo, lejano a la confrontación y a la polémica, con una ecuanimidad imperturbable, simpático, de distinguido talante, con un altísimo concepto de la vida, de poco hablar, siempre buscando la perfección, el bien, evitando el pecado, piadoso, místico de inalterable espiritualidad, intuitivo, perspicaz, reflexivo, modesto, amable, serio, reservado, bien informado y metódico, que pasó por Venezuela con el nombre de José Gregorio Hernández.

Sin embargo, es pertinente aclarar, que no todos los eventos y acciones de nuestro personaje van aquí relatados, pues es muy seguro que muchos de sus principales momentos nunca podrán traslucirse porque quedaron encerrados en su vida oculta, casi hermética en Dios.

PRÓLOGO

El Escritor ha pedido al Médico y al Docente escribir estas líneas, pero ambos en manifiesta complicidad quieren más bien, que el Escritor en franco diálogo, sea quien inicie este prólogo, diciéndonos ¿porque ha escrito esta obra? Bueno, he escrito esta obra para mostrar la vida ejemplar de un personaje que vivió entre nosotros, con maravillosas cualidades. Como médico fue admirable, como docente extraordinario, pero como humano su inmensa fe en Dios lo llevó por los caminos de la caridad, de la generosidad, de ayuda al desprotegido. Aprendió una disciplina científica y la consagró a su fe convirtiéndola en un apostolado. Sin embargo a pesar de que aquí narramos su vida, hacemos fundamental hincapié en: sus vivencias como estudiante de primaria, bachillerato, y universitario, impregnado en sus sueños y anhelos juveniles; descubriremos sus vicisitudes como médico rural, momento singular en donde estando solos, se debe poner en práctica lo que la universidad ha enseñado, constituido en verdaderos instantes de angustia y hasta miedo pero que al final dejan fragancia reconfortante por la experiencia adquirida; analizaremos su actividad docente desde que era estudiante de bachillerato, pasando por la fundación de cuatro cátedras universitarias: Histología, Fisiología, Bacteriología y Anatomía patológica, sus clases, sus veleidades literarias, hasta su última actividad pedagógica realizada el día anterior de su muerte, o sea el sábado 28 de junio de 1919; finalmente contemplaremos su ejercicio médico, ejemplo de verdadera abnegación ,desprendimiento y auténtica disciplina. Interviene el Docente: En la vida de José Gregorio Hernández ocurren hechos curiosos. Estudió bajo un esquema educativo tradicional, muy conservador, profundamente arraigado en la práctica de la memorización, sin embargo, impartió una docencia innovadora en donde los conceptos eran corroborados con la experimentación, promoviendo en sus estudiantes el pensamiento lógico. Él se imponía por la fuerza de sus virtudes, por la integridad de su carácter, por su fidelidad a la verdad, por su lealtad a su misión, por la fuerza de sus convicciones. Fíjense, a los 27 años de edad, a tan sólo 3 años de graduado asume la gran responsabilidad de rescatar los estudios médicos del atraso, modernizándolos, contribuyendo así, a dar un vuelco completo al ejercicio médico del país, beneficiándose, por ende, los enfermos con los últimos adelantos de entonces. Es verdad, "dice el Médico", pero, además, con él se llegó a diferenciar el médico del boticario, el médico del curandero, el medicamento del ensalmo. Con su llegada se empezaron a realizar los primeros diagnósticos científicos en el país, enseñando la utilización del examen microscópico en el estudio de las enferme dades, lo cual permitió que, por primera vez, se estableciera la asociación de la clínica con el laboratorio, contribuyendo así a precisar la seguridad del diagnóstico. Vivió 54 años, 8 meses y 3 días, de los cuales 31 los utilizó para ejercer la medicina rural, especializarse, dedicarse a la docencia y ejercer su profesión, "atinó a decir el Escritor", además, es importante recalcar que en él no hubo dilemas entre su vida activa como persona, médico y docente, y su vida contemplativa que le sirvió de fundamento. Ponderó las verdades científicas conocidas por la experiencia y meditó sobre las verdades eternas conocidas por la revelación sin entrar en conflicto. No inmutándolo la polémica promovida por Razetti. Es cierto, "interrumpe el Docente" se forma bajo las corrientes positivistas, conoce la teoría de la evolución y sin embargo se define creacionista sin entrar en ninguna contradicción. En su libro Elementos de Filosofía analiza este punto y lo deja bien claro. Así es, "acota el Escritor" y lo sorprendente es como logra enlazar la doctrina de la evolución con la verdad filosófica y religiosa de la creación. El Escritor hace una pausa y luego prosigue. Creo que ha llegado el momento de hacerles una confidencia: Para narrar los hechos de la vida de José Gregorio Hernández, he recurrido a la mayoría de sus biógrafos; para conocer su pensamiento me he servido de sus cartas, de sus artículos literarios, de los apuntes de sus clases, de los libros que escribió y para conocer sus sentimientos y carácter he utilizado las biografías escritas por sus familiares; dejo en sus manos, esta obra dirigida a quien dedico, esperando que todos en algo o en algún momento puedan emular a este sabio médico y docente, perfecto hombre de ciencia, esclarecido hombre de fe. Amigo lector si no te has dado cuenta, permíteme decirte, que todos (el Escritor, el Médico y el Docente) tienen algo en común: son una misma persona, en la cual, además, se conjuga una curiosa coincidencia: El Lic. Agustín Aveledo (Docente), fue jurado de José Gregorio Hernández, cuando optó al Título de Bachiller; el Dr. Ramón Aveledo (Médico), fue designado para de elaborar el informe médico-legal relacionado con la muerte de nuestro bio grafiado. Muchos años después, un Médico y Docente universitario, descendiente de los Aveledo de entonces, "porque son una misma familia", narra esta historia, la historia de José Gregorio Hernández, Hombre de Ciencia, Hombre de Fe, como Estudiante, Docente y Médico.

I

La Caracas de aquel domingo 29 de junio de 1919, amaneció con un clima fresco y un cielo despejado. Habían amainado en los últimos días, los torrenciales aguaceros de principio de junio, sin embargo, el bramar caudaloso del Río Catuche que, al bajar del Ávila, corría muy cerca de la casa de José Gregorio Hernández, se sentía. Vivía en la Pastora, en la casa N° 3 ubicada entre las esquinas de San Andrés y Desbarrancados, con su hermana María Isolina, quien tenía cinco años dedicada al cuido de ese hogar.

Por alguna razón, ese día tres coincidencias se dieron: Una religiosa: era la fiesta de los Santos Apóstoles San Pedro y San Pablo; una científica: hacía treinta y un años se había graduado de médico; y una humanística: ocurrida el día anterior, pero ampliamente reseñada en la prensa de ese domingo, referida a la firma del tratado de paz en Versalles entre las naciones aliadas que siete meses antes habían vencido en la guerra a Alemania. Coincidencias que reafirman lo que fue la vida de José Gregorio Hernández: Ciencia, Fe y Humanidad.

Muy temprano, diríamos casi de madrugada, se levantó, rezó, tomó su baño de costumbre, se vistió y ante el repique de las campanas, salió rumbo a la Iglesia La Pastora, ubicada a muy pocas cuadras de su casa, a cumplir con el precepto dominical, de rodillas, como era su costumbre, donde además comulgó. De regreso, ya en casa, María Isolina, solícita como siempre, le sirvió el desayuno y luego sin perder mucho tiempo, preparó lo necesario para ir a visitar a sus pacientes.

De simpático y distinguido talante, José Gregorio Hernández en sus visitas médicas domiciliarias se acercaba al lecho del enfermo y en postura casi humilde, habitualmente siempre con los brazos cruzados sobre el pecho, interrogaba y escuchaba al enfermo, escudriñando con su mirada vivaz y penetrante, cuanto merecía tenerse en cuenta, todo antes de irse a fondo con el examen físico que semiológicamente ejecutaba de manera completa y ordenada (cabeza, cuello, tórax, abdomen y extremidades). Como buen facultativo, daba la importancia que merecía a la historia de la enfermedad, pero económico en el tiempo, era muy hábil para cohibir en el paciente, ciertas verborreas inquietantes que antes de aclarar el problema, más bien lo complicaban. Escribía la fórmula del medicamento y hacía las indicaciones, habitualmente estando parado al lado el enfermo, con aire presuroso, pero sin olvidar los detalles que explicaba al enfermo o a sus familiares, dando así por concluida su visita. Esta era su rutina médica.

Diariamente, además de estas visitas domiciliarias, en la cual cobraba cinco bolívares, siempre que el paciente pudiera pagarlos, también acudía a ver los enfermos del Asilo de huérfanos de Dos pilitas a Portilla; los del Hospital Vargas; los del Asilo de Providencia y los del Asilo de niños pobres ubicado en la esquina de las Piedras. Todo este recorrido lo hacía a pie, a paso rápido y menudo. Pudiéramos concluir que, en la Caracas de entonces, tanto para ricos como para pobres no había sino un solo médico: el Dr. José Gregorio Hernández.

Ya casi eran las doce del mediodía, y como era su costumbre, pasó por la Iglesia San Mauricio (hoy Santa Capilla) y durante un rato en meditación absoluta, oró ante el Santísimo Sacramento.

Al llegar a su casa, tomó otro baño para refrescarse antes del almorzar. Tocan la puerta de repente, recibiendo una grata sorpresa. Una señora de servicio le traía de parte de su cuñada Dolores de Jesús, una jarra con carato de guanábana, que tanto le gustaba, del cual degustó dos vasos durante el almuerzo. Luego, adormecido por el calor, se sentó a reposar en una mecedora ubicada al lado de la imagen de San José, que estaba justo en la entrada de la casa cerca de la puerta de la sala donde recibía a sus pacientes.

Estando allí, quizás por alguna razón, comenzaron a desfilar por su mente en perfecta cronología los diversos episodios de su vida…

II

Había nacido un 26 de octubre de 1864, a las ocho y cuarto de la noche en un pueblito andino del estado Trujillo, llamado Isnotú, en una vieja casa de tapia, techo de palmas y piso de ladrillo, situada en la calle del Rosario. Fue el segundo de los siete hijos que tuvieron Benigno Hernández Manzaneda y Josefa Cisneros Mancilla. Su hermana mayor alcanzó a vivir cinco meses detentando circunstancialmente la primogenitura que supo atender con dedicación durante 54 años de edad.

Fue bautizado el 30 de enero de 1865 y el 6 de diciembre 1867 fue confirmado. Llegó a este mundo con una carga genética de bondad, de justicia. Tuvo en su hogar su primera iglesia doméstica y su primera escuela de formación para la vida. De la mano de su mamá Josefa y de su tía María Luisa aprendió a leer, a escribir, a amar a Dios, a decir sus oraciones.

Creció como un niño espigado y ágil, de espíritu curioso, despierto, pensador, ordenado, obediente, sometido a una disciplina acorde con los valores propios de las familias andinas de la época. Aprendió a ser piadoso y a no descuidar sus obligaciones.

Convertido en hermano mayor, era algo así

como el protector de sus hermanitos. Hizo la primera comunión en el año 1871 y como niño feliz volaba papagayos, jugaba trompo, recorría los cerros y montes de los alrededores, iba con frecuencia a la iglesia, pero en la noche del 28 de agosto de 1872, cuando apenas le faltaban dos meses para cumplir ocho años, una experiencia dolorosa inundó su alma: muere su mamá Josefa, mujer todo amor y fuerza fundamental de aquel hermoso hogar, la misma que le había dejado como legado una ternura inefable. "Mi madre que me amaba, desde la cuna me enseñó la virtud, me crió en la ciencia de Dios y me puso como guía la santa caridad."

Muy cerca del cementerio de Isnotú en unas piedras grandes (Piedras negras) se sentaba todos los días, al caer la tarde recordando y orando por Josefa Antonia. De ella había heredado su gran caridad para con los pobres y enfermos, su generosidad, su abnegación, su piedad y su fervor religioso en tanto que de su padre imitó el carácter, el estricto cumplimiento de sus deberes y obligaciones, la prudencia, la justicia y el firme propósito de predicar con el ejemplo las virtudes cristianas.

A los nueve años de edad fue inscrito en la única escuela privada de Isnotú quedando bajo la tutela de su primer maestro Pedro Celestino

Sánchez, natural de Maracaibo, antiguo marino, el cual a través de sus viajes había adquirido una modesta cultura, además, era muy afectuoso con los niños, y tenía una habilidad para la enseñanza primaria. Por eso era muy aceptado en la comarca trujillana. Desde un primer momento el maestro apreció en el niño sus grandes deseos por aprender, por estudiar, que dejaba claro una bullente inteligencia, muestra por demás evidente de un talento especial que debía ser aprovechado. No cabía duda que este niño tendría un futuro de éxito en la universidad. Por espacio de cinco años estuvo asistiendo a esta escuela donde tuvo la oportunidad de destacarse y llegar a ser un alumno inteligente, estudioso y puntal, sobresaliendo entre los demás por su rendimiento.

Cuando el maestro no tuvo más nada que enseñarle, encontrándolo suficientemente formado, manifestó a Don Benigno honradamente, que se debían aprovechar las lúcidas aptitudes del niño, para que cursara estudios superiores en la Capital de la República.

Había cumplido trece años, cuando le dijo a su padre que quería ser abogado para combatir la injusticia, para que otros inocentes no se sintieran desgarrados, ni perdieran las energías de lucha y conquistas por su bienestar, tal como le había ocurrido al abuelo, como lo había sufrido el mismo, como debió haber vivido un mundo de angustias su santa madre, que descansa ya en Dios, como lo perdió todo su amado maestro. "Quiero llegar a ser abogado para amar a la justicia por encima de todos los demás deberes".

Hijo, comprendo que condenes la injusticia porque te ha tocado la infortunada oportunidad de vivirla en la carne de los tuyos, pero no olvides que tu madre, ánima bendita, supo encontrar en lo más oscuro del camino la senda luminosa que conduce a la bienaventuranza y a la tranquilidad de con ciencia. Siento que, en lo más hondo de ti, quizás sin tu advertirlo, late un rescoldo de venganza y la venganza es odio, y el odio es el veneno más sutil que puede condenar al alma de un cristiano. Es verdad hemos sufrido mucho, pero también hemos sido felices. Despreciar el cuerpo es un pecado contra la voluntad del señor; creer que la enfermedad es un mal que nos aqueja es pensar que somos como los irracionales y eso no solamente no es justo, sino que, en cierta forma es blasfemia. Es verdad, nuestro pueblo sufre sed de justicia, pero también tiene hambre de felicidad y el primer paso para ser feliz es sentirse sano. El hombre enfermo tiene tanto miedo de la muerte que se olvida de Dios. El hombre enfermo necesita más de Dios y únicamente los médicos, cuando se acercan no sólo al cuerpo sino también al alma, pueden rescatar a ambos y llevarlos al camino de la verdad y la fe. Nada podrá jamás igualar o sustituir la acción de un buen médico. Ni el abogado, que rescatando con justicia los bienes perdidos, coopera sin quererlo a estimular bajas pasiones de posesión; ni el buen ingeniero, que, cambiando el Universo, nos hace sentir que la obra de Dios necesita de nuestras pobres luces para ser mejorada. El médico recoge despojos y los torna nuevamente en hombres. Les regresa la dignidad. Durante todos estos años, además de comerciante, he sido boticario, y como tal, he sanado a muchos, porque me he valido de la intuición, de la observación y de la experiencia lo que ha llevado a estar en contacto con la gente humilde; he visto sus sufrimientos, he conocido sus miserias y tratado con la ayuda de Dios, de darles auxilio que han venido a buscar y el voto más secreto, el más sincero que alguna vez pude hacer al Altísimo, como reconocimiento a los inmerecidos favores que siempre me ha brindado, es que alguno de mis hijos, el primero, pudiera ser médico, para que con la ciencia que yo no tengo, pueda ofrecer la salud del alma que un hombre enfermo necesita.

Lo escuchó profundamente conmovido, y con los ojos brillantes, conteniendo las lágrimas abrazó a su padre y le dijo: "seré médico".

En febrero de 1878 bajo la custodia de los generales Francisco Vásquez y Jesús Romero, recién designados Diputados ante el Congreso Nacional, amigos de la familia Hernández emprende viaje a Caracas.

Fue un viaje largo, fuerte y extenuante para quien nunca había salido del pueblo, y comprendía varias etapas: Isnotú, Valera, la Ceiba, Maracaibo, Curazao, La Guaira y finalmente Caracas a la cual se llegaba atravesando el Ávila por el camino de los españoles.

III

El 24 de abril de 1878 es inscrito en calidad de interno en el Colegio Villegas, el más calificado centro educativo de Caracas, cuyo modelo y método de enseñanza estaba inspirado en las ideas que imperaban en esa época, tenían objetivo primordial, lograr que los alumnos desarrollaran su inteligencia, enseñándoles a pensar, razonar, madurar juicios y opiniones, de allí su regia disciplina y exigencia.

Estaba ubicado en una antigua casona, en la esquina de Piñango cuyo propietario y director era el ilustre abogado y político, Dr. Guillermo Tell Villegas ciudadano de ejemplares virtudes, quien así recibe al joven provinciano "De modo que vienes de los Andes. ¿Cómo te llamas?" José Gregorio Hernández Cisneros. "¿Piensas estudiar mucho?" Si, no olvidaré que mi primera obligación es ser buen estudiante; pero, sobre todo, seré un buen cristiano.

Para el 2 de agosto, a menos de 4 meses de haber llegado, compitiendo con una treinta de condiscípulos, en la evaluación sobre Etimología Castellana, realizada por ante un adusto jurado, siguiendo las exigencias académicas que la ley imponía, logra alcanzar de manera destacada el tercer lugar, permitiendo a sus docentes intuir, cómo de una manera acelerada José Gregorio, pudo superar los difíciles e inquietantes escollos al incorporarse a un medio totalmente desconocido para él, el cual además, era extremadamente exigente.

No debe olvidarse que entrar a figurar en el más prestigioso instituto de la capital exigía para un anónimo provinciano, una capacidad tal que superara las cerradas reservas sociales imperantes en el medio capitalino. Pero, además, alcanzar tan elevada posición hablaba muy en alto de las bases de conocimiento que en tan corto tiempo alcanzara de una manera muy sólida como para enfrentar con tan probado éxito las exigencias del jurado.

A partir de entonces, todas sus calificaciones fueron sobresalientes en lo académico y excelentes o muy buenas en comportamiento, lo cual se refleja en los innumerables premios y medallas que recibió.

Aprendió sintaxis y ortografía, Gramática castellana, francés, Historia universal, Aritmética, Gramática latina, Geografía, griego, Sintaxis latina, Geografía Universal, con brillante maestría, por eso que un alumno que ponía de manifiesto tales méritos, no podía pasar desapercibido en la institución donde realizaba sus estudios; es así como fue nombrado inspector de orden y vigilancia donde se dio a la tarea de servir de espontáneo orientador de sus propios compañeros. Esto le valió además que siendo alumno regular fuese escogido por el consejo directivo del colegio para desempeñarse como profesor de Aritmética, asignatura en la cual, como cursante, había demostrado particular dominio, hasta el punto de alcanzar la Medalla de Aplicación otorgada por la institución.

Estas tempranas experiencias nos hacen rastrear la remota e inicial vocación por la actividad docente, con que años después coronaría su ejercicio profesional. Docencia cuya práctica y experiencia inició en los primeros años de sus estudios secundarios.

Sin lugar a dudas, el ambiente del colegio, debió ser una continuación de la enseñanza que conoció en su hogar en Isnotú, así como del maestro Sánchez, y muy seguro que la austeridad vivida junto con la disciplina, la paz y el amor permitieron que se desarrollara en armonía.

Hizo amistad profunda y duradera con otro alumno, que también fue un distinguido médico, académico y profesor, Juan de Dios Villegas Ruiz quien en una ocasión comentó "Jamás vi a José Gregorio tomar parte en nuestros juegos y travesuras infantiles, sus recreaciones favoritas consistían en el estudio del piano, instrumento que llegó a dominarlo con un arte y gusto exquisito, y en su intimidad pude verlo leer autores muy selectos como Plutarco, Kempis y distintos volúmenes de la Vida de los santos"

Luego de aprobar las diez materias del programa, presentó el 16 de mayo de 1882, en la Universidad Central de Caracas, los recaudos necesarios, solicitando el examen para optar al grado de bachiller en Filosofía.

El 24 de mayo, ante el Rector de la Universidad, extrajo de la urna que estaba destinada a guardar en secreto los temas del examen, aquellos que le tocaron en suerte: La teoría del condensador eléctrico y las máquinas de vapor.

El 25 junio de 1882, presentó la prueba y el jurado examinador integrado por los doctores: Nicanor Borges, Manuel María Urbaneja, Agustín Aveledo y los licenciados Francisco de Paula Quintero y Miguel Páez Pumar, a la edad de diecisiete años, le confirieron el título de Bachiller en Filosofía.

IV

Concluidos sus estudios secundarios, enrumba sus pasos hacia la Universidad que por cierto ocupaba el mismo edificio del otrora Colegio Seminario de Santiago de León de Caracas, institución creada en las postrimerías del siglo XVIII, bajo la advocación de Santa Rosa de Lima, elevado a la categoría de Universidad Real, por Felipe V, en 1721 y el año siguiente, por Bula Apostólica, del Papa Inocencio XIII, consintió en la conversión de aquel Colegio, en nuestra Universidad Real y Pontificia, como se le dominó, hasta comienzos de nuestra independencia. El 18 de marzo de 1826, el Congreso de Colombia dictó una ley organizadora de la instrucción pública y el Claustro en pleno de la Universidad de Caracas, presentó el proyecto de Estatutos que aprobó el Libertador, en su Cuartel General por Decreto del 24 de junio de 1827.

Hasta esa fecha, el gremio de médicos estaba formado principalmente por cirujanos salidos del seno de los barberos que ocupaban un lugar muy inferior en las capas sociales: sus estudios eran superficiales y su educación muy poco cultivada. No es de extrañar, por tanto, que el célebre Decreto mencionado, estuviese precedido por otro del mismo Libertador, dictado el 22 de enero de aquel mismo año, que habilitaba a los doctores en Ciencias Médicas para ocupar la Rectoría Universitaria. Fue así como vino la obligada candidatura de un médico y luego la organización y reforma que hizo surgir de la antigua Real y Pontificia, la nueva Universidad Central de Caracas, que, en lo tocante a la profesión mencionada, dejaba sin efecto el Protomedicato, al crear la Facultad de Medicina, timbre de gloria compartido por nuestro Libertador, con su primer Rector Médico, el Doctor José María Vargas.

Al leer aquel Decreto aprobatorio de sus Estatutos, referidos a la organización de los estudios médicos en el país, se comprende que, para desarrollar el vasto plan propuesto, fue necesario que las autoridades universitarias dispusieran, no tan sólo del tiempo y perseverancia, sino también de la tranquilidad en el conglomerado de la República. En el citado documento, los estudios médicos, sabiamente organizados, transformaban la adquisición de los conocimientos teóricos, que se hacían entonces, con las obligadas prácticas anatómicas; y los estudios de medicina y cirugía dictados en los textos, con las indispensables clínicas y otras prácticas hospitalarias. Sin embargo, la escasez de los fondos universitarios impidió desarrollar este programa en lo referente a la Medicina, ya que de esta Facultad sólo funcionaban para 1827 las Cátedras de Medicina, Anatomía y Protectorado de Anatomía y sólo cinco años después, en 1832, se crearon las cátedras de Medicina Operatoria, Obstetricia y Química, y en 1844, la de Medicina Legal.

La labor de Vargas quedaba, pues, estacionaria. Sus discípulos lo honraron, pero no pudieron continuar su obra. Pero la culpa no fue de ellos. El ambiente de la Patria se tornó de súbito impropicio a la serena elaboración de la idea de ciencia; una tempestad de pasiones se desató con furia y amenazó ahogar en el pozo de rencores y de odios, la primeriza flor de la República. Y cuando ya parecía serenado el ambiente, del seno mismo de la catástrofe, había surgido como una flor blanca propiciatoria la cándida paz, una sombra fatídica como de cóndor rapaz sobre tímido rebaño, cayó sobre la madre Universidad, y la ruina, el abandono y el silencio volvieron a reinar en aquella entraña de la Patria, que habían señoreado, como sublimes veleidades, Bolívar y Vargas.

Herida en las propias fuentes de su existencia material, la Universidad de Caracas, dejó de ser entonces el foco del progreso científico de la República; y hasta llegó a iniciarse en ella un torpe movimiento represivo, que la habría llevado a los más ignominiosos términos. En realidad, había decaído notablemente a fines del siglo, aquella Universidad que tanto brillo tuvo en sus comienzos y hasta se dio el caso insólito, de que la loca ignorancia, con armas de piache, y protegida por el Gobierno de la época, pretendiera elevarse hasta las curules profesorales. Las habría alcanzado, si el resto de la obra de Vargas vinculada en sus discípulos, hecha causa común con el ímpetu de la juventud estudiantil, no hubiera incinerado la ambición, en forma de libro, como desagravio y protesta ante la estatua de Vargas.

Así José Gregorio, encuentra el ambiente universitario, cuando se inscribe para cursar el primer año en la Facultad de Medicina, el primero de septiembre de 1882.

Los estudios médicos de entonces, tenían una duración de seis años durante los cuales se cursaban materias obligantes y asignaturas abiertas u optativas. En el primer año, desde el 1° de septiembre 1882 hasta el 26 de junio de 1883 cursa y aprueba las asignaturas: Anatomía e Higiene. Por esta época aprovechando el feriado estudiantil debido a la conmemoración del centenario del nacimiento del Libertador impuesto en la ciudad de Caracas, realiza una rápida visita, la única que hizo durante sus estudios caraqueños, a su lar nativo, donde estuvo 14 días. El segundo año lo realiza entre el 1° de septiembre de 1883 y el 14 de noviembre de 1884 cursando y aprobando las asignaturas: Anatomía II y Fisiología. Con Patología general interna, Medicina operatoria y Cirugía I, inicia el tercer año entre el 16 de septiembre de 1884 y el 22 de febrero de 1885. Cursando el tercer año abandona el hospedaje que hasta esa fecha mantenía en el Colegio Villegas, a pesar de continuar con sus actividades docentes y con alumnos particulares, reportándole ingresos económicos adicionales, ya que las ayudas que periódicamente le enviaba su padre no le eran suficientes. Ahora por un módico precio se alojó en una pensión. Este cambio de residencia, quizás, así como la sustitución de la bien sazonada comida en el hogar de los Villegas, por frecuentes e improvisadas comidas que se veía obligado a consumir para poder cumplir puntualmente con todos sus deberes y obligaciones, terminaron ocasionándole una grave enfermedad: Fiebre tifoidea.

Había sembrado una semilla de incalculable valor en cada una de aquellas personas con las cuales se relacionaba. El afecto y el respeto conquistado con cada uno de los profesores y condiscípulos, vino a ponerse de manifiesto, abierto y espontáneo en esa hora menguada. Sus propios profesores se convirtieron en sus médicos tratantes, en tanto que sus compañeros de estudios se organizaron y cumplieron turnos de guardias para atenderle en los más inmediatos cuidados. A finales de 1884, ya recuperado del tifus, participó en un deli cado conflicto estudiantil, animado por su inquebrantable y rectilíneo sentido del deber y la justicia.

Un grupo de estudiantes encabezó una protesta contra un profesor de patología general e interna por considerar que dicho facultativo no llenaba los requisitos mínimos que la naturaleza de la asignatura y la capacidad docente exigían. La respuesta fue de naturaleza policial y doce de los estudiantes fueron apresados bajo la acusación de conducta indebida. Como consecuencia, el resto de los cursantes, rompen lanzas públicas no solo a favor de los compañeros injustamente detenidos, sino en ratificación de las razones que obligaron a organizar dicha protesta y en comunicado publicado en el Diario La Nación expresan: "Asentar en estos tiempos, señor Ministro entre otras cosas no menos ridículas, que la única fuente de calor animal es el simple movimiento de la sangre en el interior de los vasos, ilusionado tal vez por la sabia teoría que coloca el origen del calor en la vibraciones moleculares, es, a juicio nuestro, la más patente prueba de falta de aptitudes de este catedrático...Y no puede aceptarse como argumento en contra de lo que aquí exponemos el hecho de que el señor doctor profesor, haya regentado por tanto tiempo la Cátedra de que nos ocupamos, pues que, según se nos ha informado últimamente, el mismo descontento ha reinado en todos los cursos anteriores, mediando además la circunstancia de que algunos de ellos recurrieron, a falta de medios legales, a procederes que nuestra moderación ha rechazado..."

El enérgico documento entre otros, estaba firmado por nuestro biografiado. Nunca vaciló su fe, ni antes de las duras pruebas que el destino le imponía dada la menguada capacidad de sus medios económicos; ni ante la dureza de circunstancias inevitables, como la peligrosa enfermedad sufrida con ejemplar resignación y confianza; ni ante la injusticia de los hombres, ante la cual se enervaban sus más íntimos sentimientos personales.

El cuarto año lo inicia el 16 de septiembre de 1885 culminándolo el 16 septiembre 1886, lapso durante el cual cursa y aprueba las asignaturas: Patología Interna, Cirugía II, y Obstetricia.

Entre el 16 de septiembre de 1886 y el 20 de agosto de 1887 cursa y aprueba: Química Orgánica, Terapéutica y Arte Medico, materias del quinto año; En sexto año aprueba Medicina Legal y Toxicología. Las materias optativas cursadas y aprobadas fueron: Historia Natural y Universal, inglés, francés, Botánica y Zoología; la primera dictada por Rafael Villavicencio y las dos últimas por Adolfo Ernst. Ambos docentes claramente identificados con las ideas positivistas de Comte y con la filosofía evolucionista de Spencer, basada en las ideas de Lamarck y en las teorías de la evolución de las especies y del origen del hombre propuestas por Darwin veinte años atrás, que de paso, para le época dividían la opinión pública entre creacionistas y positivistas, partidarios de las teorías de la evolución, gestando una lucha irreconciliable entre la fe, basada en la revelación y la ciencia, basada en la experiencia.

Durante su vida universitaria, hizo amistades entrañables, como la que trabó con Santos Aníbal Dominici, otro joven que al igual que él habría de ser una figura destacada de la medicina venezolana. Con Dominici lo unieron no sólo lazos afectivos sino también la búsqueda del conocimiento y la necesidad de cultivar el espíritu. Juntos compraban y estudiaban las novedades científicas que se producían en Francia, además leían grandes clásicos y enciclopedias, aprendían música e idiomas, discutían las ideas políticas de avanzada. La correspondencia con Dominici a lo largo de su vida, sería un asunto de primera importancia, pues, en este amigo encontraría siempre un interlocutor leal, la sensible e inteligente.

Entre 1882 y 1888, aprueba las materias como sobresaliente en cuatro oportunidades; dos como muy buena, cuatro buenas, dos como grande y tres como bastante. En Historia Universal fue calificado como regular. Su conducta fue buena en dieciséis oportunidades, muy buena dos veces y ejemplar una vez. Práctica mente no tuvo inasistencias. Si llegó a faltar a clases fue cuando enfermó de Tifus. Obtuvo el primer premio nueve veces y una vez el segundo premio.

Solicitó el examen oral par optar al Título de Bachiller en Ciencias Médicas el 13 de junio de 1888 y el 19 de junio fecha fijada para el examen, ante el jurado expuso y dijo: primeramente "La tesis que me ha asignado la suerte para discurrir en este acto, se refiere a una de las cuestiones que desde hace un siglo han sido más discutidas y han traído divisiones entre las grandes entidades científicas y entre las escuelas que éstas representan, dice así La doctrina de Laennec que asienta la unidad del tubérculo es hoy una verdad comprobada a pesar de la escuela de Virchow que sostiene la dualidad. Por el precedente enunciado, se ve que las escuelas más comprometidas en la lucha, han sido y son hoy la francesa y la alemana que, no obstante a los progresos que se han llevado a cabo en estos tres últimos años, no han logrado ponerse de acuerdo en todos los puntos de la expresada tesis" Entrando en el tema en cuestión señala " sin pretender hacer historia completa de la tuberculosis que no tendría cabida en los límites de este discurso, arrojemos una rápida ojeada sobre las fases sucesivas que ha recorrido desde Laennec hasta nuestros días y que podemos dividir en cuatro grandes períodos. El primer período enteramente francés caracterizado por los trabajos de Laennec, quien dio a la diátesis tuberculosa el lugar y la importancia que le corresponde...Tal es el origen de la doctrina de los tubérculos específicos que Laennec sintetizó consignando la unidad del tubérculo...El segundo período alemán, empieza con los estudios de Virchow y de su escuela, que cuenta entre sus representantes más ardientes a Niemeyer. Estos sabios atacaron tan hondamente la doctrina unitaria que pareció por un momento derribada para siempre: sobrevino entonces el reinado de la granulación tuberculosa y de la caseificación; fue ese el momento en que con toda oportunidad pudo decir Niemeyer que lo peor que podría sucederle a un tísico sería llegar a ser un tuberculoso; entonces dominaba la inflamación caseosa que precedía a la granulación tuberculosa, no siendo ésta sino una embolia desprendida de la masa y transportada a lo lejos por el torrente circulatorio. El tercer período también francés, esta caracterizado por una reacción enérgica contra los trabajos alemanes, pero sin llegar por completo a la doctrina de Laennec. Las opiniones nuevas diferían de las del maestro en un punto muy importante, la naturaleza del tubérculo. Laennec lo consideraba como un producto accidental no inflamatorio; la escuela moderna para entonces, admitía el origen flegmásico del tubérculo...Uno de los que trabajaron más en este período que comienza en 1872 fue Charcot, quien decía que no se ve el tubérculo en la neumonía caseosa porque es enorme. Cada islote de neumonía caseosa no es, sino una aglomeración de tubérculos elementales; su crecimiento se hace por la periferia, por la adjunción de folículos elementales y granulaciones...La tisis caseosa o tisis neumónica es de naturaleza tuberculosa;

está constituida por conglomerados a menudo muy voluminosos de tubérculos. Como se aprecia, es la descripción de Laennec precisada por la histología. Pero esta descripción tan exacta no estaba completa; faltaba allí algo y ese algo era capital, puesto que era lo característico de la tuberculosis y con el descubrimiento de este elemento principal se inaugura el cuarto período franco-alemán. Dos grandes movimientos, que se encontraban en la ciencia prepararon tan célebre descubrimiento. Empezó a prevalecer el estudio de los microbios y a sospecharse que eran causa de muchas enfermedades. Una vez que Davaine descubre el microorganismo peculiar al carbunco, deja amplio el camino que parecía a los ojos de todos facundo en descubrimientos importantes...En 1882 Koch realiza este descubrimiento y afirma que se puede encontrar constantemente en los productos tuberculosos un parásito especial, que este parásito puede ser cultivado y que la inoculación del cultivo engendra la tuberculosis: este parásito es el bacilus tuberculoso. Este descubrimiento ha venido a darle el golpe a la doctrina de la dualidad. ¿Cómo explicar hoy, que casi palpamos estos hechos, que histólogos tan notables como Virchow hayan podido sostener dicha doctrina? La anatomía patológica, estudiada a la luz de los conocimientos modernos nos lo dirá. Si consideramos los focos tuberculosos recientes, en donde sólo se haya el tubérculo miliar, vemos que están compuestos de granulaciones submiliares, transparentes, redondas y discretas, cuya constitución histológica es la siguiente: se encuentra en el centro una célula gigante, notable por tener sus núcleos hacia la periferia; más hacia fuera hay una capa de células epiteloides, las cuales a su vez están rodeadas por una ancha zona de células linfoides, que es la única que contiene capilares sanguíneos, mientras que hacia el centro los líquidos inyectados bajo cualquier presión no han hecho descubrir su presencia. El bacilus de Koch se encuentra más especialmente en la célula gigante, pero también se encuentran bacilus libres entre las células epiteloides. Este es el tubérculo gris de los dualistas que se encuentra más comúnmente en el pulmón, donde las condiciones circulatorias la favorecen y hacen más difícil su necrobiosis. Pero supongamos desfavorables estas condiciones circulatorias y entonces la granulación gris que era semitransparente tomará un aspecto turbio, blancuzco y llega a ser de gran tamaño. El examen histológico nos muestra una agrupación de masas opacas, granulosas, irregulares, mal definidas, a menudo atravesadas por bridas fibrosas que indican un ensayo de formación de tejido cicatricial; esta masa es tan densa y tan opaca que aun con cortes muy delgados es imposible descubrir más nada. Este es el segundo tubérculo, llamado por los dualistas tubérculo caseoso. Como se ve, pues, donde ellos veían dos productos distintos no hay más que diversas fases de un mismo proceso, proceso que en su marcha invasora terminará por la formación de una caverna…Pero si los dualistas quedan completamente derrotados en el campo de la histología patológica, la clínica le suministra argumentos importantes a un examen superficial. En efecto, dicen ellos, es bien evidente que la nueva concepción de la tuberculosis se adapta maravillosamente a la forma clínica de la enfermedad designada con el nombre de tuberculosis miliar aguda generalizada, en que un gran número de órganos está invadido, en que la evolución de la enfermedad es muy rápida y reproduce el cuadro sintomático ordinario de las enfermedades infectivas, más ¿cómo interpretar las tuberculosis locales? El estudio de la generación del bacilus ha dado una respuesta satisfactoria. La técnica bacteriológica demuestra que si se cultiva el bacilus en suero de la sangre preparado y de consistencia semilíquida, se desarrolla un bacilus idéntico que si se inocula produce tuberculosis; pero si se hace el cultivo en suero casi solidificado no hay reproducción de bacilus idénticos sino masas de forma y volumen variables, constituidas por numerosos elementos rodeados, inmóviles, muy aproximados los unos de los otros, muy pequeños y casi todos del mismo volumen que se han llenado de masas serogleicas y que si se inoculan no reproducen la tuberculosis. Ahora bien, en el organismo humano sucede exactamente lo mismo que en los vasos de experiencia: si el bacilus penetra en el pulmón, se encuentra allí con el abundante riego sanguíneo de este órgano, en las mismas condiciones que el cultivado en el suero semilíquido; por consiguiente, encontrando un terreno fértil para su nutrición, se multiplicará y podrá ir a infectar diversas partes del organismo. Esto no quiere decir que siempre que haya tubérculos pulmonares deba necesariamente haberlos en otro órgano cualquiera, puesto que es sabido que hay que tener en cuanta un segundo factor: la aptitud en que se encuentre el órgano para contraer o no la tuberculosis; también depende del grado de receptividad, no ya del órgano, sino del organismo entero…así pues, estos hechos clínicos que parecían abogar tan altamente a favor de la dualidad del tubérculo, están enteramente de acuerdo y perfectamente explicados por la doctrina que sostiene su unidad pues la variedad de esos hechos no depende de distintas causas, sino de las diferentes circunstancias que rodean esa causa única."

Curiosamente José Gregorio aborda un tema relacionado con una enfermedad bacteriana, el que años después sería el fundador de la Bacteriología en Venezuela.

Oída la opinión unánime del jurado ante su brillante exposición, el Ciudadano Rector le confirió el título solicitado. Luego, diez días después, el 26 de junio, solicita junto con los recaudos requeridos, el examen para optar el grado de Doctor. Le fue fijado el 29 de junio. El día anterior sacó al azar las preguntas, como era costumbre de una pequeña urna. Muy tranquilo, cómodo y seguro se sentó ante los cinco profesores designados como jurados para ser interrogado por más de media hora sobre tres temas: medios para distinguir la locura simulada de la real, utilidad del lavado gástrico y alternativas ante el cálculo vesical. Teniendo la fama de ser un alumno aventajado con las más altas calificaciones determinó que la sala donde tuvo lugar el examen oral se llenara de curiosos. Fueron tan brillantes y lúcidas sus respuestas que, al finalizar, el procedimiento usual se rompió: el público no desalojó la sala para que el jurado deliberara, la puerta no fue cerrada, el dictamen del jurado no fue discutido, el secretario de la Universidad Vicente Guánchez, que había sido su profesor visiblemente emocionado exclamó "Aprobado y sobresaliente por unanimidad". Seguidamente díjole el Rector "Venezuela y la medicina esperan mucho de usted".

Tenía 23 años cuando se doctoró. Había coronado con notable éxito sus estudios. Había cumplido con una parte de la palabra empeñada al padre ausente, aquellos días de enero de 1878. Ahora era médico, solo que ser médico era el comienzo de otro compromiso, más profundo, más íntimo, pero no menos formal y exigente, que se había formulado a sí mismo cuando las dudas lo llevaron a aquella decisiva conversación sostenida con su padre, en el dramático instante de las mutuas confidencias. Su evocación más íntima era la de ser útil. Por lo tanto, ser médico le obligaba a hacer el bien. El camino había sido duro. La meta estaba alcanzada.

Durante su vida universitaria estudiantil, nunca estuvo sobrado de dinero, por ello aprendió sastrería para hacerse el mismo sus trajes y evitar con ello algunos gastos. En su habitación por las noches, extendía la tela y cortaba, con los patrones prestados por un sastre amigo, la tela para sus trajes. Cosa que nadie notaba, solamente algunos de sus amigos. Esta afición o pasatiempo la conservó hasta en sus tiempos de ser eminencia médica para relajar la mente cansada de su trabajo intenso o simplemente para recordar con simpatía aquellos años de estudiante universitario, tan apretados económicamente, en los que el mismo había labrado su personalidad a fuerza de voluntad y privaciones.

V

Culminados sus estudios universitarios, brevemente trabaja en Caracas hasta que pudo viajar a Isnotú. Quería ir a su pueblo, allí no había médico y pretendía aliviar los dolores de la gente humilde. En la universidad había cultivado una gran sensibilidad social, así como un sentido crítico de la realidad venezolana. Estaba convencido de que el país necesitaba modernizarse desde el punto de vista científico y que se necesitaba una infra estructura de servicios sanitarios para mejorar la vida de los venezolanos. Pero primero era necesario adquirir conocimientos y experiencias que Venezuela no podía ofrecer. Por eso se pone como meta ahorrar todo el dinero que pudiera ganar para poder financiar sus estudios en Europa.

Decíamos, comenzó a ejerciendo su profesión en Caracas. Su amigo Juan de Dios Villegas se había mudado a la Pastora, y en la misma casa le había conseguido una habitación que le sirvió de dormitorio, de consultorio médico, de sala de estudio y hasta de sastrería.

Curiosamente en la Pastora inicia su ejercicio profesional; treinta y un años después es en la Pastora, donde ejerciendo su profesión, muere.

Tenía algunos días de graduado, cuando el 5 de julio de 1888, asume la Presidencia de la Republica Juan Pablo Rojas Paúl, el cual influenciado por el doctor Calixto González decreta la fundación del Hospital Vargas con el cual se iniciaba la modernización de los estudios médicos en el país. En los primeros días de agosto de 1888 emprende su viaje a Isnotú, primero por ruta marítima: La Guaira a Pto. Cabello, donde estuvo dos días, luego sigue a Curazao y durante cuatro días no solo conoce la isla sino que además visita varios Hospitales; continuó su viaje a Maracaibo pasando siete agradables días y luego llegó a la Ceiba, de allí en lomo de mula pasando por tierras y parajes andinos finalmente, llega a Betijoque, y de allí a Isnotú, su pueblo natal, donde luego de saludar a sus familiares lo primero que hizo fue ir al cementerio a visitar la tumba de su madre, en donde de rodillas y con los ojos cubiertos de lágrimas rezó "madrecita querida, ahora que soy médico como te lo prometí, ayúdame a cumplir la misión que me encargaste un día y que Dios en sus santos designios ha puesto en mis manos de humilde pecador, guíame ahora que no te tengo a ti."

La mejor manera de aproximarse al estudio de sus vivencias como médico rural, es tomando la información directamente de su voluminosa correspondencia sostenida entre él y su fraternal amigo Santos Aníbal Dominici, para ese momento todavía estudiante de Medicina en Caracas. En cada una de sus cartas se aprecia un delicioso explayamiento de su alma, abriéndose campo en medio de íntimas confidencias donde describe paisajes y personas, emite juicios morales, realiza balances de sus actividades cumplidas, pero por encima de todo muestra sus angustias, dudas, miedos, esperanza y sueños, como médico recién graduado, que inicia su práctica independiente lejos de la tutela de quienes habían sido sus profesores.

Durante esa época los caminos eran de recuas y el joven doctor tenía que efectuar las visitas domiciliarias a caballo y someterse a una disciplina diaria a fin de cumplir con sus deberes. Tuvo experiencias en las que combinó el tratamiento adecuado con la intuición diagnóstica que aún en la emergencia estuvo realzada por el acierto y el aprecio a sus pacientes. Sin embargo, junto a los aciertos de la gestión terapéutica también coexistió el dolor frustrante que produce la muerte inevitable del paciente. En su aproximación a la práctica médica tuvo clara conciencia de sus limitaciones y de la necesidad de continuar estudiando, indagando, buscando respuestas, en un proceso de aprendizaje que para él fue una constante desde el comienzo. Tuvo insatisfacciones, pero estas más bien se convirtieron en un estímulo que lo impulsó a mejorar sus conocimientos, a superarse para cubrir sus deficiencias. Consultaba con entusiasmo los libros que tenía a la mano, pedía información y con los medios a su alcance ejecutaba pequeños ensayos.

Lo cierto es, que durante 7 meses estuvo ejerciendo entre los pobladores de Isnotú, Betijoque y caseríos aledaños. Recorrió caminos de montaña aferrado a su cabalgadura para visitar enfermos. Arrastró peligros que gracias a su voluntad y control personal no le impidieron cumplir con el deber de asistir al paciente. En los últimos meses de 1888, tomando como punto de partida Isnotú y Betijoque realizó tres viajes a ciudades importantes: Valera, Boconó y entre diciembre y enero de 1889, pasando por la Puerta, Timotes, Mucuchies, Mérida, estuvo en Colón, Estado Táchira.

Veamos a continuación sus confidencias de médico rural, por lugar y fecha:

Betijoque, septiembre 12, 1888 "...he tenido varios enfermos, un caso de aborto del mes de julio y cuya hemorragia no había cesado; ya está fuera de peligro porque hace tres días se suspendió el flujo, no me atreví a practicar el taponamiento por haber transcurrido ya mucho tiempo después de la expulsión del huevo y yo creí que la hemorragia no dependía de retención placentaria, sino de una subinflamación; y lo que me hacía creer esto era que cuando le daba quinina o ergotina aumentaba el flujo y lo que tú sabes por qué es. Voy a consultar con Morales (ex profesor de Obstetricia. Nota nuestra) para ver si en este caso, y cuando la sangre es muy abundante, se puede practicar un taponamiento; dos casos de disentería aguda, los cuales, aunque han mejorado un poco no están bien todavía; y un caso de tuberculosis. Ya tú ves para ser tan poco tiempo que estoy aquí no deja de ser algo y me da esperanza para poder reunir dinero suficiente para que hagamos nuestro proyectado viaje a Europa..."

Betijoque septiembre 18, 1888. "...Pienso ir esta semana a Valera, porque creo que de estos pueblos es el único en que me puedo situar y en el que se presentan más enfermedades que me hagan tener una práctica variada e instructiva...Mis enfermos todos se me han puesto buenos, aunque es tan difícil curar a la gente de aquí, porque hay que luchar con las preocupaciones y ridiculeces que tienen tan arraigadas: creen en el daño, en las gallinas y vacas negras; en los remedios que se hacen diciendo palabras misteriosas; en suma yo nunca imaginaba que tuviéramos tan atrasados...La clínica es muy pobre: todo el mundo padece de disentería y de asma, quedando uno que otro enfermo con tuberculosis o reumatismo; afortunadamente que mi esplendido libro de Pepper tiene artículos inmejorables sobre esas y todas las enfermedades; solo siento que cuando lo vayamos a leer no te parecerá tan bueno por haber envejecido ya la mayor parte de sus capítulos...la botica es pésima; suponte que le boticario es un aficionado y que me dice: "Nosotros los médicos", porque además de ser aficionado de la farmacia lo es también a la medicina, y la primera vez que habló conmigo me aturdió con un tecnicismo indigesto y estúpido; me contó que curaba la disentería con cinco gramos de quinina al día, y ,como yo me asustara, me tranquilizó completamente y me aconsejó que así lo hiciera, ya que la ipeca no daba resultado; quien no da resultado es él, y es él quien está llenándome de fastidio..."

Isnotú, octubre 2, 1888. ...Estuve ocupado en Betijoque con una enferma que tuvo una retención urinaria desde hacía once días a consecuencia de un parto laborioso: orinaba por poquitos, lo cual no me engaño porque justamente acababa de leer en Playfair esa causa de error tan sumamente común; le puse la sonda y le extraje una inmensa cantidad de orina, y le ha quedado una cistitis que la he estado tratando y de la cual está muy mejor...Me levanto a las 7 para que el día se pase más ligero, veo tres o cuatro enfermos que tengo aquí, luego voy a Betijoque a caballo y veo los de allá que son la mujer de la cistitis, un señor que tiene una iridocoroiditis y una vieja con fiebre en la que todavía no le hecho mi diagnóstico; sospecho que sea una tiroidea. De Betijoque vuelvo a almorzar, leo un rato hasta las 3, en que les hago una nueva visita, tanto a los de aquí, como a los de aquel lugar, llego como a las 6 y la noche la paso leyendo..."

Isnotú, octubre 8,1888. "...No he podido ir a Valera porque algunos de mis enfermos todavía no se han puesto buenos, pero creo que pronto podré... Si yo fuera a juzgar por el modo como me ha ido en este mes que tengo de estar aquí de los demás meses igualmente, creo que estaría muy satisfecho, puesto en este mes a pesar de ser una época sana, calculo que me produciría unos ciento cuarenta a ciento cincuenta pesos, ya vez que no es muy poco para un lugar que hay tan poca gente y en que la mayor parte son personas amigas a las cuales es imposible cobrarles...Tengo dispuesto hacer un pequeño paseo por todos estos lugares y situarme en aquel que me parezca adecuado...Tal vez será en Boconó, que es el lugar en que hay más gente y en el que todas las personas son acomodadas, además que hay la circunstancia de que los médicos de allí, que son dos, están ya viejos y saben de medicina lo que yo de chino...avísame cuando llegue un medicamento nuevo y la terapéutica que traiga...Cuando tengas un lugar desocupado, hazme el resumen puramente sintomático...de las ingurgitaciones e inflamaciones del hígado, según Laveran; no es cosa de urgencia pero quiero tener la historia sintomática diferencial según el proceso tenga lugar en los linfáticos, en las venas o en los conductos biliares..."

Isnotú, octubre 16,1888. "...Hace tres o cuatro días que tuve el dolor de perder una enferma; dolor que ha sido tanto más vivo cuanto que es el primer enfermo que me toca encarrilar al cementerio...Por aquí me he encontrado con el doctor Luís Razetti, yo no sabía que estaba por estos mundos...He leído todos los artículos de Pepper que se refiere al estómago e intestino: ya no se puede pedir más allá porque son perfectos; habla del uso de la sonda de Faucher para el lavado del estómago con una perfección que no había encontrado ni siquiera en Dujardin-Beaumetz..."

Valera, octubre 22,1888. "...Desde el 18 del presente me encuentro en este lugar...viendo que tal me parece para establecerme definitivamente..."

Isnotú, noviembre 5,1888. "...Mañana me voy a Boconó para conocer aquel lugar y ver que me parece; todo el mundo me habla muy favorable de él...En días pasados me vinieron a buscar para que fuera a ver a un enfermo; eran las 6 de la tarde, y el lugar en que éste se encontraba, distante como unas seis leguas, es de los que se encuentran metidos en toda la serranía. Con toda paciencia hice ensillar mi caballo, que dista mucho de ser bueno y tomé rumbo hacia el pueblecillo, seguido del individuo que vino por mí, caballero en un magnífico caballo; habríamos caminado cosa así como dos leguas cuando la noche se nos vino encima, negra como pocas y tempestuosa: yo le hice notar a mi compañero que mi caballo tenía tendencia a encabritarse y que el suyo quería imitarlo, a lo cual él me respondió: que nada tenía de particular, porque, como yo muy bien podía ver, dentro de poco se desencadenaría una tempestad y que lo mejor que podíamos hacer era apresurar nuestras cabalgaduras para ganar camino y sobre todo tiempo. Las palabras de mi compañero no eran de naturaleza para tranquilizarme; sin embargo, yo seguí mi camino con cierto malestar, que al principio creí que sería la inquietud que tenía por el peligro, pero que pronto me convencí que era producida por la inmensa cantidad de fluido eléctrico con que iba cargado. Transcurría media hora más cuando estalló el primer relámpago, inaudito, inmenso: parecía que nos habíamos sumergido en un océano de luz; se vio todo, los cerros, las hondonadas, el cielo que estaba lleno de agua; te digo que me quedé ciego durante cinco segundos aproximadamente, y sólo volví de mi estupor porque mi caballo, que se había encabritado y que no me tumbó milagrosamente, había arrancado a correr con furia siguiendo al de mi compañero, que había manifestado de un modo idéntico su temor. A pocos segundos de intervalo vino el trueno e inmediatamente grandes gotas que muy luego se hicieron chorros de agua nos inundaron y, lo que es muchísimo peor, humedecieron el piso del camino de tal suerte que nuestros caballos, en lugar de caminar, lo que hacían era rodar. Mi compañero encendió una linterna e hizo que cambiara de bestia, montando él en la mía, porque decía él, le parecía que yo no era buen jinete. Efectivamente, una vez en su caballo me sentí más seguro continuamos él adelante y yo detrás, y el agua todo alrededor...cuatro veces tuve apunto de que el caballo rodara conmigo...llegamos como a las dos de la madrugada..."

Boconó, noviembre 17, 1888 "...Estoy leyendo ahora a Playflair detenidamente; empeñado estoy en concluirlo pronto: he encontrado muy cierto lo que decía Aguerrevere respecto a la manía que tienen los ingleses de ponerlo todo al revés, porque ellos llaman al diámetro oblicuo derecho el que los franceses llaman oblicuo izquierdo, y viceversa, lo que no deja de ser muy incómodo para nosotros, que estamos acostumbrados a la denominación francesa; deseo ver como llaman a las posiciones y las presentaciones, pero todavía no he llegado allá. Me he encontrado con una cosa que no recuerdo haber leído en ninguna parte, y es el hecho de nunca coagularse la sangre de la menstruación, a menos que esté en grande abundancia. Dice Playflair que antiguamente se atribuía a que no contiene fibrina o que, si acaso la contenía, era en cantidad muy mínima; que luego Retzius atribuye su no coagulación a la presencia en ella de los ácidos lácticos y fosfórico libres; pero la verdadera explicación la dio Mandl, quien demostró que bastaban pequeñas cantidades de pus o moco en la sangre para mantener la fibrina en disolución; y con esto queda perfectamente todo explicado, porque es sabido que siempre hay más o menos moco en las secreciones del cuello y de la vagina, y solamente cuando la sangre sale en demasiada abundancia es que no basta el moco que normalmente existe, y por eso se encuentran coágulos. Te parecerá muy raro que sea tan tarde que yo venga a leer tan importante obra; pero es que cuando estoy en casa no me gusta leer más que a Pepper..."

Boconó, noviembre 24, 1888 "...la población me gusta y desearía poder establecerme aquí...lo único que me detiene es que creo que los dos médicos, que aquí hay, pueden hacerme la guerra porque ese ha sido su comportamiento con todo el que ha tratado de establecerse aquí; ellos vendrán a visitarme de hoy a mañana...si fuera solamente por la parte científica me importaría muy poco, ya que ellos son muy pequeñamente instruidos; pero, además son jefes del partido dominante de aquí, y eso es sumamente peligroso por estos lugares donde la política tiene una preponderancia absoluta. Por lo que es la parte clínica hay poca variedad, eso sí, y solamente son muy comunes las enfermedades del pecho, y en particular la tuberculosis..."

Betijoque, diciembre 8,1888. "...No puedes calcular cómo me ha complacido al saber que Elías Rodríguez les da clases: con él se aprende de todo, todas las materias se repasan siempre que uno este pendiente de su palabra y calcula cual habrá sido mi alegría que Morales está en Cirugía; quisiera volar, aunque fuera a oír solamente su clase, que la da como nunca ningún catedrático de medicina lo ha hecho…"

Isnotú, diciembre 24,1888. "…Por estos lugares es muy difícil que yo pueda aprender algo, y gracias que no olvidé lo poco que he logrado aprender con tanto trabajo. Ahora estoy dedicado a estudiar el laringoscopio, y, después de muchos ensayos infructuosos, por fin logré ver las cuerdas vocales superiores e inferiores juntamente con la epiglotis: la epiglotis es un órgano sumamente curioso; hay momentos en que uno cree que tiene voluntad y hasta caprichos, de tal modo el reflejo que la vivifica es poderoso. Pienso estudiar mucho esto, ya que he tenido la fortuna de encontrar que uno de mis hermanos, Benjamín, tiene tan poco sensible la faringe que tolera durante largo rato el espejo dentro de la boca, solamente le perturba la risa que le produce verme con mis anteojos puestos, los del laringoscopio, y eso aumenta la sensibilidad, o mejor dicho, la irritabilidad propia de la epiglotis. También he tratado de aprender a hacer un examen oftalmoscópico; pero como para eso se necesita hacer la dilatación previa de la pupila, y además un alumbrador muy perfecto, pienso dejarlo para después, cuando me dedique a repasar enfermedades del oído y del ojo, que voy a estudiarlas a continuación una de la otra, lo mismo que a hacer el examen del oído; porque estoy convencido de que para la práctica lo que uno necesita saber es cómo se examinan los diversos órganos...una cosa que me llena de tristeza... es pensar si yo me habré de quedar siempre tan ignorante como ahora...antier estuve presenciando una de las escenas más dramáticas que he visto...me llamaron para que fuera corriendo a ver un chiquito que estaba muy malo; voy inmediatamente y encuentro que mi muchacho se estaba muriendo, y mientras lo examino cae otro, y luego otro...y otro... y en un abrir y cerrar de ojos me veo rodeado de ocho muchachos con convulsiones. Y luego la madre, ¡y al poco tiempo la abuela! Yo afortunadamente, no tuve delirio médico y grité ¡Veneno! Efectivamente, se habían envenenado, supongo que, con unas caraotas venenosas, porque es caraota lo único que han comido; de los diez envenenados se murieron dos y ocho se salvaron. Siento no poder hacer una investigación más minuciosa...mañana me voy para el Táchira; puede ser que cuando vuelva me ocupe de esto: recuerdo haber oído hablar al doctor Ernst de unas caraotas venenosas..."

Colón (Táchira), enero 14, 1889. "...Vine a dar un paseo por esos lugares a ver que tal me parecen para establecerme. Te sorprenderá tal vez que desde tanto tiempo no me haya situado, pero esto no tiene ningún inconveniente para el ejercicio de la profesión, ya que no impide el trabajo..."

Isnotú, febrero 4,1889. "...Cada día me causa más admiración la sabiduría de Elías Rodríguez, cuando recuerdo su consejo de no ir a Europa hasta después de haber practicado un poco tiempo: cuando uno sale de los estudios no tiene idea de las materias en que está deficiente para la práctica, y eso sucede aunque se haya practicado antes mucho, porque esa práctica se hace con un mentor que se llama González, Vaamonde o Morales, etc., generalmente, o mejor dicho siempre; pero entonces no tiene uno que asumir responsabilidad ninguna, y todo el peso del diagnóstico cae sobre el maestro. Mas, después que uno entra en la práctica con responsabilidad, lo que antes era un camino llano por deliciosos valles...se torna en una montaña erizada de peñascos y en la que abundan los precipicios. ¡Ah, antes yo era sobrado orgulloso, cuando creía tener conocimiento exacto de la cantidad de fuerzas de que podía disponer! En lo que me creía débil resultó que no era tanto, y en aquellas materias en las que me parecía poder dominar me encontré deficiente, y todavía hoy no te puedo decir que ya me conozco, porque cada día experimento nuevas sorpresas..."

Regresa a Isnotú en febrero de 1889 bajo la incertidumbre de un futuro profesional que no terminaba por definirse, ya que en sus incursiones exploratorias no había podido hallar el lugar que se adecuara a sus expectativas. En consecuencia, se hacía difícil, hacer el proyecto viable para establecer una consulta privada que le proporcionara los ingresos necesarios con los cuales sufragar tan ansiado viaje a Paris. Sumido en esa definición de perspectiva que no terminaba de definirse y despejarse ocurre un hecho inesperado que lo obliga a regresar a Caracas, surgido en su contra, por una intriga más que todo política que puso en peligro su integridad.

Isnotú, febrero 18, 1889 "...me dijo un amigo que en el gobierno de aquí se me había marcado como godo y que se estaba discutiendo mi expulsión del estado, o más bien si me enviarían preso a Caracas; yo pensaba escribirle a tu papá para que me aconsejara en qué lugar de Oriente podré situarme, porque es indudable que lo que quieren es que yo me vaya de aquí; sin embargo, no le escribo porque, como no tengo seguridad en el correo y a él tendría que escribir en letra ordinaria (estos párrafos están escritos en letra cursiva alemana. Nota de Santos Aníbal Dominici). Si me echan de aquí, ¿adónde voy? Esta es mi duda. Como tú comprendes, sin que yo haya dado lugar nada, porque solamente me preocupan mis libros...le escribí al doctor González diciéndole que me quiero ir y le dejo entender el motivo...si aquí apura la cosa, yo me iré a Caracas..."

Y así fue, el 3 de abril de 1889 abandona Isnotú para no volver jamás. Una razón política lo obligó a salir de su estado natal Pero una razón científica de carácter académico y de interés nacional propició su viaje a Paris.

El 9 de abril llega a Caracas y al enterarse el doctor Calixto González de su regreso, lo recomienda al Ejecutivo nacional, para que forme parte del proceso modernizador de la medicina, en base a sus sobresalientes calificaciones alcanzadas a lo largo de sus estudios secundarios y universitarios y por el bien cimentado prestigio de seriedad y honradez.

El 31 de julio de 1889, mediante resolución

ejecutiva es becado para cursar estudios especializados en Francia. Sus sueños se hacían realidad.

VI

Con una asignación mensual, de seiscientos bolívares, llega a París el 9 de noviembre de 1889, encontrándose con una ciudad en la cual se discutían corrientes filosóficas ubicadas entre el Materialismo puro y el Positivismo, que atacaban duramente a la Iglesia y por ende la Religión. Estas ideas filosóficas de corte netamente materialistas tuvieron amplia acogida entre los investigadores de entonces, entre ellos Darwin quien a través de su doctrina científica de la evolución mostraban una clara negación a la acción creadora de un ser supremo.

Casi todos los jóvenes que iban a Europa, sucumbían ante el alud de aquellos novedosos postulados. Sin embargo, aquel médico que había llegado para estudiar a los organismos más elementales se mantuvo fiel a sus principios, a pesar de las ideas liberales que bullían por donde quiera que se mirara. Claro que conoció sin engañarse todos aquellos postulados en boga, pero fortalecido como estaba por la filosofía de Santo Tomás de Aquino, por la doctrina de la revelación, nunca claudicó.

Se aloja cerca de la facultad de medicina y

rápidamente comienza con gran entusiasmo, sus estudios en el laboratorio de Histología y Embriología bajo la dirección del profesor Matías Duval, por cierto, partidario y gran defensor de la doctrina de Darwin. Con él aprende los fundamentos de la Teoría Celular, la Historia de la Anatomía microscópica; conoce los distintos tipos de tejidos, la estructura de la célula, así como los mecanismos relacionados con la reproducción celular. Diariamente asistía puntualmente a sus clases y con extrema dedicación estudiaba, hacía conjeturas, elaboraba hipótesis, permaneciendo interminables horas sumido en el laboratorio, aventajando y superando a sus compañeros de estudio, convirtiéndose rápidamente en el discípulo preferido de sus tutores. Bajo la dirección del profesor Charles Richet (quien en 1913 sería Premio Nóbel), realiza pasantía en su laboratorio de Fisiología experimental, aprendiendo entre otras cosas la Fisiología del jugo gástrico, la contracción de los músculos lisos, el metabolismo y los procesos anafilácticos.

Visitaba con frecuencia la Iglesia del Sagrado Corazón, cumpliendo sus deberes religiosos con manifiesta devoción. Nunca faltó un domingo a misa. Un día regresando de los actos litúrgicos se enteró del fallecimiento de su padre, acontecimiento ocurrido el 8 de marzo de 1890. Sin duda fue una noticia que le causó hondo pesar.

Transcurrido algún tiempo, los profesores Duval y Richet, suscribieron entusiastas constancias, cada uno por su lado, avalando su aprendizaje y mostrando el esmerado orgullo que les había producido el haber contribuido a su formación.

En febrero de 1891 ingresa al laboratorio del profesor Isidro Strauss (discípulo de Pasteur), donde conoce y aprende los principios de la Microbiología, la Bacteriología, las enfermedades virales, los procesos de fermentación y pasteurización, los microorganismos de la cerveza, las levaduras, la generación espontánea, las enfermedades del gusano de seda, así como todo lo relacionado con las vacunas. Igualmente, el profesor Strauss certificó con palabras de elogio el aprendizaje de su discípulo, felicitándolo además por el éxito logrado en un trabajo de investigación original que realizó sobre vacunas.

Luego de dos años, orgulloso de haber cumplido la misión encomendada regresa al país, con una formación académica actualizada en todas las áreas que había estudiado.

A su regreso muchas cosas habían cambiado. Ya no era aquel joven recién graduado que había salido de Isnotú. Ahora se le habría nuevos horizontes. El gran momento estaba por comenzar.

VII

Poco tiempo después de llegar, instala en la Universidad el laboratorio de Fisiología experimental y Bacteriología que había traído de Europa. El gobierno nacional había decretado el 4 de noviembre de 1891 la creación de las cátedras de Histología normal y patológica; Fisiología experimental y Bacteriología, nombrándolo catedrático de esas asignaturas con un sueldo de cuatrocientos bolívares.

Tenía 27 años y tan solo tres años de graduado cuando asume la gran responsabilidad de contribuir a la modernización de los estudios médicos en Venezuela, siendo precisamente la docencia su gran pasión a quien le dedicó 23 años y cuatro meses de su existencia. Docencia médica que ejerció, justamente hasta el sábado 28 de junio de 1919, día anterior a su muerte, cuando dicta su última clase.

El profesional médico dedicado al ejercicio docente debe satisfacer simultáneamente dos exigencias: por una parte, ser poseedor de conocimientos adecuados y por la otra saber trasmitirlos. El poseía esas dos cualidades y fue tal su vocación docente, que fundó y dirigió cuatro cátedras universitarias, caso único en los anales de la educación superior del país. Pero además ejerció su profesión de médico con igual pasión y ferviente devoción por espacio de 31 años, incluso hasta el día de su muerte.

Para José Gregorio, ser médico era un apostolado. Los Hospitales para la época eran más bien casas de caridad, por lo tanto, no existía lo que hoy conocemos como la medicina institucional. Por esta razón los pacientes o eran visitados por el médico en su propia residencia o era en el domicilio del médico donde se realizaba la consulta.

Al llegar de Europa instala el consultorio en su propia casa de habitación. Allí atendía íntegramente al enfermo dándole incluso hasta consejos espirituales que impartía a tono con la severidad de la enfermedad en donde adquiría tintes sacerdotales cuando se enfrentaba a sombríos pronósticos.

Cobraba cinco bolívares por consulta; tarifa relativamente alta si consideramos que en aquella época un salario promedio oscilaba en 25 bolívares mensuales. Sin embargo, en la entrada de su casa, cerca de la habitación donde hacía la consulta, tenía una bandeja que él llamaba "el cepillo de los pobres" para que los pacientes una vez vistos, depositaran allí el costo de la consulta, siempre que pudieran pagar. SI alguno además necesitaba dinero para comprar las medicinas que él le había prescrito, podía tomarlo de allí, sin que nadie se enterara. Cuando algún paciente no podía acudir a su consulta, se trasladaba a su casa. Siempre en el bolsillo de su chaleco cargaba algún dinero que daba a sus pacientes más necesitados o dejaba discretamente junto al lecho del enfermo el dinero necesario para cubrir la compra del medicamento.

Supo aprovechar los conocimientos científicos que le proporcionaron sus estudios y viajes al exterior para el bien de sus pacientes. Llegó a ser considerado un clínico eminente e integral que logró establecer un puente que unió el laboratorio con la clínica, aspectos básicos en la atención de los pacientes. Se ejercitó con lucimiento en Cirugía; recién llegado de Europa demostró extensos conocimientos en Obstetricia, sin embargo, su campo fue la Clínica Médica a la que le dedicó todos sus desvelos y ésta fue la que le da aquella inmensa popularidad en la Caracas del siglo pasado, convirtiéndose en clínico experto.

Ejerció la profesión de médico con suma diligencia, dividiendo en partes su intensa actividad, para poder dedicarse además a la vida espiritual y religiosa que tanto le llenaba. Por eso tenía una estricta disciplina en todos sus actos.

Atendía a sus pacientes en un riguroso y estricto horario. Entre las 8 y las 11 y 45 de la mañana hacía sus visitas domiciliarias. A pasos ligeros y menudos recorría toda Caracas atendiendo a pacientes pobres y ricos; primero los que estaban más graves y después el resto de sus enfermos. Además, diariamente visitaba el Hospital Vargas y atendía la consulta de varios asilos. Nunca usaba maletín médico; solo llevaba un termómetro y un reloj para hacer el registro de las pulsaciones. Todo el mundo se preguntaba cómo hacia para hacer tan renditivo su tiempo que le alcanzaba desde la oración diaria, el estudio cotidiano, la preparación amena de sus clases, las visitas domiciliarias, su consulta médica y sus clases en la universidad, sin otro vehículo que sus pies. Al mediodía regresaba a su domicilio y luego de un baño reparador, almorzaba. Entre la 1 y las 2 y 45 de la tarde atendía la consulta privada en su casa. Esta era su rutina de atención médica: Interrogaba a los pacientes para conocer sus antecedentes y los síntomas. Dependiendo de la enfermedad reconocía visualmente esputo, orina y heces; luego procedía a la auscultación, para lo cual colocaba un pañuelo de seda sobre la parte del cuerpo que pensaba explorar y ponía su oído directamente sobre esa pieza de tela escuchando lo que ocurría adentro. De inmediato percutía y palpaba la región en estudio, formándose de esta manera una idea del estado anatómico y funcional de los órganos internos. Finalmente escribía las prescripciones en las hojas de pequeñas libretas sin membrete.

Paralelamente, en 1893 inicia su actividad literaria en la Revista el Cojo Ilustrado con un artículo dedicado al Señor doctor Nicanor Guardia, en el cual le rinde homenaje de admiración y respeto a quien fuera su maestro eminente. Enalteció la figura del doctor Guardia primero como clínico, luego, como profesor universitario y finalmente por la integridad de su condición humana. Este artículo no fue más que la elegía en la cual recogió una sentida alabanza para el profesor idealizándolo como un modelo de ser humano y profesional insigne.

El 7 de abril de 1904 se crea la Academia Nacional de Medicina y el 11 de junio del mismo año se procedió a su instalación, correspondiéndole el sillón XXVIII.

Precisamente en este año 1904, estalla una polémica pública liderizada por el doctor Luís Razetti, entusiasta defensor de las ideas positivistas y divulgador de la Teoría de la evolución, entre sus alumnos en el claustro universitario. Razetti responde por la prensa a un sacerdote que lo había no solo tildado de ateo y materialista sino además de corruptor de la juventud, por una conferencia que había dado. Viéndose atacado, recurre a la recién creada Academia Nacional de Medicina, en la cual ostentaba el cargo de secretario perpetuo, para que ésta se pronunciara a favor de la referida doctrina, considerada por él, como la base fundamental de la Biología.

El primero de septiembre de 1904, la Academia Nacional de Medicina solicita a sus miembros que opinen en el terreno estrictamente científico y experimental, sobre la legitimidad de la doctrina de la descendencia o de la evolución en base a las siguientes proposiciones: 1. La sustancia viva representa únicamente una parte de la materia del globo. La combinación de ésta última sustancia viva fue producto del desarrollo de la tierra, del mismo modo como lo fue, por ejemplo, la formación del agua: consecuencia inevitable del enfriamiento global de las masas que forman la corteza terrestre; y del mismo modo de los caracteres químicos, físicos y morfológicos de la materia viva de hoy, son los resultados necesarios de la acción de las condiciones vitales externas actuales, sobre las reacciones internas de la sustancia viva anterior. Las condiciones vitales internas y externas están inseparablemente unidas en una acción recíproca y la expresión de ese intercambio es la vida. 2. Los organismos que viven actualmente o que han vivido antes en la superficie de la tierra, derivan por su descendencia no interrumpida de aquella materia viva, la primera, la más sencilla, que salió de la materia bruta y, por lo tanto, todos los organismos están unidos unos a otros por un lazo real de parentesco. 3. El hombre es un organismo animal, es un vertebrado mamífero monodélfico, primate, simio, es el Homo Sapiens de la zoología. Como tal, no puede sustraerse a las leyes que rigen el desarrollo filogenético de los demás seres organizados. La Doctrina de la Descendencia, que explica el origen de los seres organizados, debe necesariamente aplicarse al conocimiento del origen natural del hombre.

Transcurrido algún tiempo, en el año 1905, 23 académicos de número de los 33 residentes en Caracas, reconocieron la legitimidad científica de la Doctrina de la Descendencia. De los 10 restantes, hay que separar 6 que no emitieron opinión determinada. Sólo 4 negaron su voto a la doctrina, entre ellos nuestro biografiado.

Caracas, abril 23, 1905

Señor Doctor Luís Razetti. Secretario Perpetuo de la Academia Nacional de Medicina.

Presente.

Distinguido colega y amigo,

En contestación a su atenta del 15 de los corrientes, me es grato exponer a usted mi parecer, que es el siguiente: Hay dos opiniones usadas para explicar la aparición de los seres vivos en el universo: el Creacionismo y el Evolucionismo. Yo soy creacionista. Pero opino, además, que la Academia no debe adoptar como principio de doctrina ninguna hipótesis, porque enseña la historia que al adoptar las Academias científicas tal o cual hipótesis como principio de doctrina, lejos de favorecer dificultan el adelantamiento de la ciencia.

Su colega y amigo,

José G. Hernández.

Finalmente, el 4 de mayo de 1905, la Academia con 16 votos a favor y 4 en contra emitió la siguiente declaración, poniendo de esta manera punto final a esta polémica: "...Los fundamentos que sirven de base a las mencionadas conclusiones, son una consecuencia legítima de que la ciencia actual enseña; sin que se entienda que la Academia le presta con su autoridad el carácter de una verdad indiscutible…"

Entretanto, José Gregorio, diariamente asistía a misa en la Iglesia las Mercedes, antes de impartir docencia, que iniciaba puntualmente a las 3 de la tarde. Exponía sus clases con un dominio cabal de sus conocimientos. Estudiantes de otras disciplinas también acudían no tanto por lo amenas, sino porque además propiciaban a la reflexión. Con él se acabaron las exposiciones teóricas copiadas de los textos simplemente porque le dio al estudio un sentido práctico susceptible a la comprobación permitiendo que el estudiante pudiera integrar en un solo bloque o síntesis formativa, lo teórico con lo práctico.

Los días lunes y viernes dictaba las clases teóricas; los martes y sábados correspondía a las lecciones experimentales y los miércoles enseñaba todo lo relativo al uso del microscopio, medios de cultivo y técnicas histológicas.

La estrategia metodológica docente que algunos seguían en aquel entonces se basaba en el método de los conferencistas: se tomaba un tema del programa y en una o varias conferencias se exponía parte de la materia. Los abundantes detalles que necesariamente ocupaban el tema, así expuesto en partes, obligaban al estudiante a seguir con las lecturas de textos extensos las clases oídas, de las cuales no podían tomar para guiarse las notas suficientes para hacer la obligada síntesis.

Otros procedían de modo distinto: el Profesor era quien hacía el resumen de la parte de la materia que debía exponer, conforme al tiempo limitado del año escolar. Clasificaba el tema en capítulos separados; apuntaba ordenadamente para cada uno, una definición o una nota y la sumaba a otros puntos que el estudiante podía tomar fácilmente, permitiéndole marcar un índice para escribir su compendio personal con la ayuda de cualquier texto. Este segundo método era el empleado por nuestro biografiado para dictar sus lecciones.

Hoy en día se conservan algunos apuntes tomados por el entonces bachiller José Izquierdo (recopilados por el Doctor Fermín Vélez Boza), en donde aparte de corroborar lo anterior, se puede apreciar la eficiente aplicación del principio pedagógico que impone ir de lo más sencillo a lo más complejo, de manera que, durante el proceso de aprendizaje, el estudiante fuera adquiriendo sucesivamente destrezas.

Es importante destacar que estos apuntes fueron tomados entre 1906 y 1908 y son fiel reflejo del momento científico de ese entonces. Muchos conceptos han cambiado, pero no menos cierto otros, aún hoy, se conservan. Hecha la aclaratoria retrotraídos en el tiempo, veamos cómo eran sus clases:

Histología

"...Los cuerpos vivos son seres que existen en la naturaleza y que están caracterizados por tener una forma especial más o menos redondeada, y una cierta duración limitada, porque nacen, crecen, llegan a la plenitud del desarrollo y al fin mueren. Por estos caracteres se los distingue de los seres inanimados o minerales. Pero la razón o diferencia esencial que los tipifica es la de poseer vida..."

"...Los cuerpos vivos están formados por la reunión de elementos muy pequeños de forma y actividades propias que se llaman elementos anatómicos o Células. Y como cada elemento anatómico presenta de una manera más o menos perfecta todas las actividades propias de los cuerpos vivos se dice que los elementos anatómicos o células tienen vida propia. Hay seres vivos que constan de un solo elemento anatómico o Célula. Se puede, pues, definir la célula la menor parte de la materia en la cual hay vida. Es la definición biológica..."

"...En los seres vivos hay varias clases de células, y se diferencian unas de otras por su forma, por sus actividades y por su origen. Pero las células no se encuentran aisladas, sino que generalmente están reunidas, unas veces en inmediato con tacto aparente, otras veces separadas por una sustancia producida por las mismas células que se llama sustancia inter media. Las células así agrupadas constituyen los tejidos. Tejido es, pues, la reunión de células separadas por la sustancia inter media. Los tejidos agrupados para desempeñar un acto determinado forman los órganos. Los órganos asociados para un fin más elevado constituyen los aparatos. Los aparatos reunidos constituyen la totalidad del ser..."

"...Un ser perfecto, un hombre, por ejemplo, está formado de varios aparatos, que son órganos asociados para desempeñar una de las grandes funciones de la vida; los órganos son tejidos reunidos para producir una función particular; y los tejidos son células agrupadas y separadas por la sustancia intermedia..."

"...Sistema es la reunión de elementos anatómicos o de tejidos, unidos para desempeñar una función particular o ele mental..."

"...Llámese Anatomía General o Histología el estudio de la forma y demás propiedades de los elementos anatómicos y de los tejidos. La Histología se divide en Histología general llamada también Citología Elementología que es el estudio de la forma y demás propiedades de las células; e Histología especial que es el estudio de la forma y demás propiedades de los tejidos..."

Fisiología:

"...La Fisiología es una rama de la Biología, que es la ciencia de la vida, estudia los cuerpos vivos, pero en su estado dinámico, ya que la morfología o histología los estudia en su estado está tico. A estas dos grandes ramas de la biología puede añadirse una tercera, o sea, la historia de los cuerpos vivos o desarrollo; esta es la Embriología..."

"... ¿Cómo la Fisiología estudia el cuerpo vivo en estado de movimiento e investiga los actos que en él se verifican? Debemos ante todo preguntarnos: ¿Qué es un Cuerpo vivo? No conocemos la esencia de la vida, sino sus manifestaciones de las cuales solo apreciamos las exteriores, es decir, las actividades; ellas son las que nos revelan la vida. Las actividades de los cuerpos vivos no son pues sino las manifestaciones de la vida en el cuerpo que la posee..."

Funciones de la Reproducción

"...Son las funciones que tiene por objeto la conservación de la especie procreando nuevos seres; el modo de reproducción es diferente en los distintos seres vivos; en el hombre y la mayoría de los animales la reproducción es bisexual, esto es, requiere la unión de los dos sexos macho y hembra..."

"...Para la reproducción los actos que se verifican en el macho son distintos a los que se verifican en la hembra; están separadas, pues, las partes del aparato de la reproducción, cada individuo, pues, desde el punto de vista de la reproducción es incompleto. No son completos a este respecto sino ciertos animales inferiores, los hermafroditos..."

"...Estudiaremos pues los actos que se verifican en el hombre, los que se verifican en la mujer, la unión de ambos sexos y la formación de un nuevo ser. Estos actos no se verifican durante toda la vida; empiezan en los dos sexos a una edad determinada que se llama pubertad y también termina a una edad determinada; en el hombre dura más…"

Funciones de reproducción en la mujer

"…Así como en el hombre se producen en la pubertad ciertos fenómenos, en la mujer también se verifican algunos. Primeramente, es el cambio de la voz que desciende, aunque muy poco, ½ tono solamente, por lo cual casi no se advierte; después desarrollo de las mamás que crecen y alcanzan su tamaño natural; después aparición de los pelos de la región pubiana y la axila, y, por último, se presenta además en la mujer un fenómeno especial, la menstruación, que coincide con el fenómeno interno de la ovulación…"

"…Se llama menstruación, período de la mujer o regla, un fenómeno que consiste en la aparición de un flujo sanguíneo por la vagina; se verifica cada 28 días, es, pues, un mes lunar por lo que también se llama mes de la mujer, dura por término medio 5 días, en otras 4,6 y hasta 8 días; empieza con la pubertad que en la mujer empieza un año antes que en el hombre, más o menos a los 12 años, a veces aparece a los 11 y aun hasta los 10 años pero ya es muy raro y termina en la época de la menopausia o edad crítica, entre los 45 y los 50 años, a veces dura hasta los 56 pero es raro; como regla general se puede decir que mientras más temprano comienza, más temprano se acaba, el período genital dura un tiempo determinado que no varía con la fecha en que se presente..."

"...La menstruación dura todo el tiempo que dura el período genital; el fenómeno en sí consiste en la aparición de un flujo sanguíneo, lo cual es acompañado de ciertos fenómenos precursores; el día antes la mujer siente pesantez en la pequeña pelvis, dolor en la cintura, dolor en las mamás, cansancio o fatiga y congestión en los órganos genitales..."

"...Primero se presenta una secreción como una mucosidad que poco a poco se va haciendo sanguínea hasta que ya al fin del primer día es sangre, pero siempre muy cargada de moco, el segundo día aumenta la cantidad de sangre, al tercero es mucha la sangre, que sale gota a gota, al cuarto día comienza a disminuir la sangre, al quinto día es solamente moco. A algunas les dura 3 días, a otras 7, pero por término medio son 5 días..."

"...La sangre menstrual tiene tres caracteres por los cuales puede distinguirse: 1. Es venosa, oscura. 2. No se coagula nunca, cuando tiene coágulo es por otra causa, aborto, se cree que es la misma que impide la coagulación o que contiene una anticoagulina; la sangre menstrual no se debe coagular pues. 3. Es la sangre mezclada con mucosidad, lo que sirve en medicina legal para diagnosticar manchas, la mancha de sangre menstrual es dura, engomada como mancha de esperma. La sangre menstrual proviene de la mucosa uterina que es diferente a las demás mucosas, tiene un carácter especial y es que su epitelio es de pestañas vibrátiles. Ella está compuesta de dos capas, una externa conjuntiva vascular y nerviosa y una interna epitelial; este epitelio es cilíndrico, estratificado, con su núcleo central y tiene pestañas vibrátiles..."

"...Además la mucosa uterina tiene glándulas que son tubulosas o acinus alargados cuyo epitelio tiene también pestañas vibrátiles..."

"...Durante la menstruación hay gran flujo de sangre a la mucosa uterina, los vasos del corion se dilatan, se llenan de sangre y la sangre ahí sufre un estancamiento, hasta que por fin se rompen los vasos y la sangre sale porque con la misma que con los vasos crecen se cae el epitelio de la mucosa. Conjunta mente se producen otros fenómenos que son el resultado de la vasculodilatación; así, pues, todos los fenómenos de la mucosa uterina durante la menstruación se pueden reducir a uno, la vasculodilatación; enumerando todos estos casos tenemos: 1. Vasculodilatación. 2. Aumento del volumen de la mucosa. 3. Ruptura de los vasos y salida de la sangre al exterior. 4. Exfoliación del epitelio. 5. La mucosa se arruga, pero como crece viene a ser grande para cubrirlo toda la superficie interna de la matriz, así se pliega para caber. 6. Por último, la vasculodilatación nos explica la abundante secreción de moco porque los vasos dilatados comprimen las células excitándolas así a segregar y segregan más moco que es lo que sale primero, porque el primer efecto de la vasculodilatación es el estímulo sobre las células mucosas. Luego, cesando la congestión de la mucosa van desapareciendo sucesivamente todos estos fenómenos..."

Ovulación

"...La menstruación coincide con un fenómeno interno que se llama ovulación, que es el acto genital esencial de la mujer: la menstruación no se necesita para la ovulación, pero es el caso que los dos fenómenos coinciden, lo cual no se ha podido explicar..."

"...La ovulación se produce en el ovario. El

ovario consta de una membrana y por dentro una multitud de cuerpos que se llaman ovisacos o vesículas de Graff, metidos en una trama conjuntiva; conociendo bien el ovisaco conocemos el ovario que no es más que la reunión de ovisacos envueltos en una membrana..."

"...Los ovisacos se dividen en pequeñas o folículos de Graff y grandes u ovisacos propiamente dichos. Por lo demás todos están constituidos del mismo modo..."

"...Una célula central, el óvulo, y una multitud de células periféricas que los rodean por todas partes..."

"...Hay un estado que se llama el desarrollo del ovisaco, se presenta así: las células del ovisaco envueltas por su membrana (esta membrana está compuesta por dos hojillas, una externa y una interna llamada Theca) mientras se forma esta membrana, tienen tiempo de elaborar un líquido que se acumula en una cavidad que se forma excéntricamente, alrededor de esta cavidad están las células entre las cuales está el óvulo, formado por un amontonamiento que se llama cumulus proliger; el óvulo, pues, está en el interior del cumulus proliger. Cuando el ovisaco está en este estado se dice que está maduro; entonces emigra del centro del ovario hacia la periferia, de suerte que el ovario presenta en este punto en que está el ovisaco un levantamiento. Como las células del cumulus proliger siguen segregando líquido se aumenta la tensión en el ovisaco hasta que por f in se rompe su membrana; esto es lo que se llama dehiscencia del ovisaco; entonces el óvulo es lanzado violentamente por líquido que sale y cae en el pabellón de la trompa de Falopio que en ese momento se habrá aplicado en el punto en que estaba el ovisaco..."

El óvulo

"...Es la célula más grande que se conoce en el organismo humano, tiene 200 micras, es completamente esférica y es una célula completa, así consta de membrana, protoplasma y núcleo. Generalmente por fuera de la membrana se encuentra primero células del cumulus proliger rodeando el óvulo que las arrastra a salir del ovisaco, en gran cantidad; estas células forman lo que se llama la corona radiata del óvulo..."

"...La membrana consta de dos hojillas, una externa engendrada por las células de la corona radiata llamada zona pelúcida y una interna llamada membrana vitelina porque está alrededor del vitellus. El protoplasma se llama vitellus, es el núcleo de la vesícula germinativa y el nucleólo que además contiene el óvulo, se llama mancha germinativa o vesícula de Purkinje. En el vitellus se distinguen dos partes; el vitellus o protoplasma pro piamente dicho que se llama vitellus en formación y las granulaciones que hay allí y que constituyen lo que se llama el vitellus de nutrición o deutoplasma…"

"…Los óvulos se clasifican según su materia nutritiva o vitellus de nutrición así: Oligolecitas: Aquellos óvulos cuyo vitellus de nutrición es escaso como el del anfioxus; Telolecitas: Aquellos en que los vitellus se separan, el de formación se va a un polo, el de nutrición al otro, son óvulos, pues, de diferenciación polar como los de las aves; Panlecitas: Aquellos en que los dos vitellus están íntimamente mezclados como en la rana; Centrolecitas: Aquellos en que el vitellus de nutrición está en todo el centro del óvulo y el de formación alrededor, como sucede en algunos peces; Alecitas: Aquellos óvulos en que no hay vitellus de nutrición, casi no se percibe ningún deutoplasma, como sucede en el hombre y vertebrados superiores…"

Fecundación

"...Consiste en la unión del espermatozoide con el óvulo. Pide, pues, el contacto de ambos elementos, y como el óvulo está profundamente situado en los órganos genitales de la mujer es necesario que vaya allá el espermatozoo; para esto se necesita la unión genital del hombre y de la mujer, acto que se llama coito o cópula que consta de tres actos: 1. Erección del pene, el pene se hace rígido y aumenta de volumen gracias al flujo sanguíneo en las areolas de sus cuerpos cavernosos. Sin este requisito es imposible introducir el pene en la vagina. 2. Introducción del pene en la vagina, que es lo que propiamente constituye la copulación. Derrame del esperma en el interior de la vagina. Ahora: ¿cómo puede ponerse en contacto el espermatozoo con el óvulo cuando se encuentra en la vagina y la fecundación se produce en el ovario o cuando más en el tercio externo de la trompa? 3. Durante el coito el útero se contrae por acción refleja así como el esfínter de la vulva y al cesar la excitación sexual, el útero se relaja, abre su orificio vaginal y produce así como una aspiración que atrae el esperma; además, el espermatozoide tiene movimientos, de modo pues que habrá algunos que sigan el buen camino y vayan a parar en la matriz, es por esto que se eyaculan tantos, una sola eyaculación contiene millones y uno sólo es el que fecunda, los demás se pierden y toman otras vías..."

"...El espermatozoide que logra llegar a la trompa, para poder seguir avanzando tiene que luchar con las pestañas vibrátiles del epitelio que tapiza la trompa, pero sabemos que él despliega una gran fuerza en sus movimientos; así, pues, él vence y avanza. Muchos dicen que el óvulo determina quimiotaxia en el espermatozoo, pero para eso se necesitaría que los dos elementos estuvieran cercanos y además todos entonces debieran dirigirse por el buen camino y muy pocos son los que llegan..."

"...Para que se verifique la fecundación se necesita la maduración del óvulo y del espermatozoo; la maduración del óvulo es un dato científico antiguo mientras que la del espermatozoide es noción de estos últimos años..."

Maduración del óvulo

"...Los antiguos decían que los fenómenos de la maduración de óvulo eran cuatro: 1. Desaparición de la mancha germinativa. 2. Desaparición de la vesícula germinativa. 3. 4. Formación del primer glóbulo polar. Formación de un segundo glóbulo polar. Hoy se dice lo mismo pero expresado de otro modo. Lo que pasa es que el óvulo se divide, propiamente la maduración consiste en una división caquicinética del óvulo, así tenemos: 1. Desaparición de la mancha germinativa que representa el nucléolo. Sabemos que en toda célula que va a dividirse desaparece el nucléolo. 2. Desaparición de la vesícula germinativa que es el núcleo. No es que desaparezca, sino que se trasforma, pasa a la periferia por lo que el óvulo de divide en dos células desiguales, una grande, el óvulo y una pequeña que es el primer glóbulo polar. Después de un cierto período de reposo se produce una segunda división y se forma el segundo glóbulo polar, de modo que el óvulo se divide en tres elementos: uno grande que queda siendo el óvulo, es el que va a ser fecundado y dos pequeños que elimina. Fenómeno indispensable para que sea fecundado, que elimine los dos glóbulos polares, lo cual no ha recibido explicación satisfactoria, se dice que tiene por objeto reducir la cromatina nuclear, habría en el óvulo demasiada cromatina para ser fecundado…"

Maduración del espermatozoide

"…El espermatozoide sufre los mismos cambios del óvulo y este conocimiento es reciente. Elimina primero un glóbulo polar y luego el otro; es, pues, también un fenómeno de reducción nuclear por división asimétrica…"

"...Después de la salida de los dos glóbulos polares el óvulo queda transformado, el núcleo queda muy reducido o pequeño y se llama entonces pronúcleo hembra, no hay vesícula germinativa. Como el núcleo habrá emigrado a la periferia y la división fue asimétrica, claro que el pronúcleo hembra queda excéntrico. La duración del fenómeno varía según las diversas especies, a veces pasa media hora entre la formación de un glóbulo a otro..."

"...Vemos, pues, que, para un solo óvulo, un solo espermatozoide; al óvulo no llega un solo espermatozoide, llegan varios, pero uno solo es el que fecunda, el que está más cerca..."

"...En el punto cercano al espermatozoo se produce un levantamiento en el óvulo que se llama cono de atracción, se cree que el protoplasma se levanta para atraer más al espermatozoo; luego éste se mete de cabeza dentro del óvulo por ese punto, pero como éste tiene una membrana es necesario que ésta se rompa. En efecto, la membrana se estira, se reblandece para que entre el espermatozoo. Este penetra y esa abertura por donde penetra es lo que se llama micropilo. Una vez dentro la cabeza del espermatozoo, la membrana del óvulo se endurece de nuevo y el espermatozoide se parte así a nivel de la raíz de su cabeza, separándose así el resto que no penetra. Si acaso llegan otros espermatozoides ya es tarde, encuentran la membrana endurecida y no pueden penetrar…"

"…Una vez dentro la cabeza, se produce una metamorfosis, la cabeza se transforma, sabemos que ella es el núcleo del espermatozoide, el cual había derivado por metamorfosis del núcleo del espermátido. Pues bien, la cabeza sufre una transformación regresiva y vuelve de nuevo a ser como el núcleo del espermátido, esto es, como un núcleo cualquiera que se llama pronúcleo macho, el cual se encuentra en el polo opuesto al pronúcleo hembra. Entonces marchan el uno hacia el otro hasta que por fin se juntan en el centro. Esta unión es tan violenta que no se ha podido ver bien, unos dicen que se fusionan, otros que el macho se mete dentro de la hembra que se ahueca para recibirlo el caso es que se forma un solo elemento especial llamado núcleo vitelino el cual resulta el cual resulta pues de la unión del pronúcleo macho y del pronúcleo hembra. Aquí termina la fecundación…"

"… ¿Qué relaciones hay entre la fecundación y la menstruación? Sabemos que la menstruación coincide con la evolución en que el óvulo es lanzado por la dehiscencia de la vesícula De

Graff. Pero ¿Qué relación hay entre los dos fenómenos? O lo que es lo mismo, ya que coinciden para que el coito sea fecundante, ¿Cuándo debe hacerse una relación con respecto a la menstruación? Unos dicen que se debe hacer antes de la menstruación, otros que después, algunos, pero muy raros, que, durante la menstruación, fundándose en los animales, aunque no tienen la menstruación de la mujer, sí echan en la fecha correspondiente una mucosidad y esta fecha coincide con época del celo que se verifican en el coito. Los hebreos según su religión no podían cohabitar sino dos o tres días antes o después de la menstruación y era un pueblo muy fecundo. Hoy la opinión más generalizada admitida es que el espermatozoide fecundante es el de una cópula anterior a la menstruación, lo cual tiene importancia en obstetricia para diagnosticar la fecha del embarazo…"

"…La cópula fecundante es, pues la que se hace antes de la última menstruación que se presentó, de modo pues que el embarazo se cuenta a partir de esta última menstruación o 15 días después según algunos, pero no como creen las mujeres que desde la primera menstruación que faltó. Sin embargo, se citan casos de mujeres que habiendo verificado el coito después de haber reglado han resultado embarazadas en la regla próxima ulterior, lo cual indicaría que le espermatozoide puede vivir un mes en los órganos genitales femeninos, pero por regla general el espermatozoide no vive mucho. El óvulo de una menstruación anterior al coito no puede ser fecundado porque se descompone prontamente si no es fecundado. Se puede deducir, pues, que por regla general los coitos que se hagan en el tiempo comprendido entre la última regla después que ésta haya terminado y la vecindad de la próxima son estériles..."

"...Otro punto importante es si puede haber fecundación sin menstruación. La menstruación se interrumpe en dos épocas: durante el embarazo y durante la lactancia y a veces en la lactancia se presenta embarazo lo cual indica que sí puede haber ovulación sin menstruación, lo que pasa es que generalmente coinciden los dos fenómenos..."

VIII

Contribución filosófica y literaria. En medio de sus múltiples ocupaciones escribe y publica en el año 1906, el libro **Elementos de Bacteriología**, editado por Tip. Herrera Irigoyen y cia, en cuyo prólogo podemos apreciar lo siguiente:

"...La Bacteriología es la ciencia que presenta más a lo vivo el espectáculo admirable de una evolución sin igual, por la rapidez de sus numerosos descubrimientos y por la gran perfección a que han llegado sus métodos de investigación. Pero ese adelanto sorprendente no se queda encerrado en sus dominios científicos, sino que, como es ciencia morfológica y al mismo tiempo fisiológica, sus descubrimientos tienen una gran resonancia, un eco simpático, en casi todas las ramificaciones de la Biología...Como su objeto son los seres infinitamente pequeños tócale a ella no solamente hacer el análisis de las primeras manifestaciones, de las manifestaciones elementales de la vida, sino que por razón de la influencia que esos seres microscópicos ejercen en los animales y en el hombre, produciendo las enfermedades, la bacteriología forma la parte verdaderamente científica de la Etiología o Ciencia de las causas...Podemos afirmar que la luz que la Bacteriología proyecta hacia la

Medicina, es de tal intensidad, que a causa de ella sola ha progresado más en estos últimos años, de lo que había adelantado en los muchos siglos que se cuentan la medicina científica... La enseñanza de la bacteriología ha sido bastante laboriosa para nosotros, porque aunque hay un crecido número de obras de Bacteriología, muchas de ellas de gran valor científico ninguna está completamente acomodada a las necesidades de nuestro programa universitario y de nuestra patología más frecuente...Movidos pues, por el deseo de ser útiles a la juventud estudiosa de nuestro país, hemos emprendido este pequeño trabajo, con el cual pensamos que se harán felices y gratos estos estudios y con la esperanza que la Bacteriología se extienda y se generalice cada vez más entre nosotros..."

El Doctor Luís Razetti opinó sobre este libro en los siguientes términos: "...Íntima satisfacción hemos experimentado al leer el libro con que acaba de enriquecer nuestra bibliografía científica el modesto e ilustrado Profesor de la Universidad y Miembro de la Academia de Medicina, Doctor José Gregorio Hernández, amigo y colega de todo nuestro aprecio... Hoy da a la luz pública un libro titulado "**Elementos de Bacteriología**", que servirá de excelente compañero a los jóvenes que principian los estudios médicos. Este libro es el resumen de la enseñanza del joven profesor en catorce años de asiduo trabajo al frente de su Laboratorio de Bacteriología, el primero que se estableció en Venezuela. Católico, ferviente, hijo sumiso de la Iglesia de Roma, sacrifica todo ante el altar de su ideal religioso. Para él no hay verdades en la ciencia, sino aquellas que no contradicen el dogma. Comprende que el universo entero está regido por una ley de evolución; pero como la evolución orgánica y el creacionismo bíblico y dogmático son opuestos, él inventa dos evoluciones: la evolución deista y metafísica, que él acepta, y la evolución atea y materialista, que él rechaza, no en nombre de la ciencia, sino en nombre del dogmatismo católico. Esta dualidad se explica hasta cierto punto en un hombre que posee los conocimientos científicos que adornan al Doctor Hernández. Un profesor de Fisiología experimental no puede hoy aceptar las creaciones aisladas de los seres organizados, porque el estudio comparativo de las funciones en la serie animal, le demuestran con abrumadora elocuencia que todos los seres vivos están unidos por inquebrantables lazos de parentesco anatómico y que es imposible separar la función de la condición de estructura. Pero como el dogma de la creación del hombre especialmente hecho por Dios, se opone con infranqueable abismo entre el principio científico y el sentimiento religioso, el Doctor Hernández no acepta el origen simiano del hombre y separa este ser de la evolución general de los organismos; pero difícilmente podría el Doctor Hernández demostrar esa separación orgánica en el terreno de la ciencia positiva, sin emplear la hipótesis de la creación especial, hipótesis que rechazan a un tiempo la Anatomía comparada, la Embriología, la Paleontología, la Teratología y la Fisiología experimental...No obstante que el Doctor Hernández y yo pertenecemos a escuelas filosóficas diametralmente opuestas, una sincera amistad nos ha unido siempre y yo me he complacido en toda época en pro clamar los indiscutibles méritos que posee como profesor, como hombre de ciencia y como ciudadano de conducta inmaculada. En la presente ocasión, mi aplauso puede extrañar a las almas inferiores, a las que el fanatismo religioso oscurece hasta el punto de no conceder, a los materialistas ni un solo sentimiento noble; pero el Doctor Hernández, que posee un concepto más elevado de la honorabilidad de los hombres, no verá en estas líneas sino un tributo de justicia y una débil manifestación del aprecio en que siempre lo, he tenido..."

Como hemos podido apreciar, el doctor Razetti, vuelve a insistir en el conflicto que se suponía superado, sin embargo, nuestro biografiado guardó silencio, quizás esperando un mejor momento.

El 15 de junio de 1906 solicitó al ministro de Instrucción pública su jubilación como profesor de la Universidad. Para ese entonces, para obtener ese beneficio se requería 20 años de docencia ininterrumpida y tenía 14 años y 7 meses de servicio. Junto con la solicitud, sometió a consideración la obra titulada **Elementos de bacteriología**, con la intención de darle apoyo bibliográfico a la cátedra y supuso que sería tomado en cuenta y por ende acreditada, para completar el tiempo exigido, para alcanzar su jubilación.

El 20 de junio de 1906 fue aprobada su solicitud con una asignación mensual de 200 bolívares y además fue autorizada la su publicación. Sin embargo, pese a estar jubilado, continuó en la docencia.

En 1907 escribe un ensayo titulado "**La verdadera enfermedad de Santa Teresa de Jesús**" que por cierto quedo inconcluso e inédito. Mucho antes de graduarse de bachiller había iniciado su vocación religiosa. En 1885 uno de sus maestros el doctor Guillermo Morales había escrito un artículo en el cual afirmaba que los éxtasis misteriosos de la Santa eran de carácter histéricos y obedecían a una neurosis claramente identificada en términos de diagnóstico. El en desacuerdo con su profesor guardó este anhelado desmentido y escribe este ensayo apoyándose en sus conocimientos médicos y animado por el firme propósito de indagar cual fue la enfermedad que sufrió la Santa Teresa. Hizo un recuento de la verdadera enfermedad de la Santa; analizó la sintomatología de la histeria y la cotejó con los momentos de éxtasis que la Santa experimentó. Al final refutó sin mencionar a su maestro precisando de manera categórica que los éxtasis místicos de Santa Teresa eran estados de oración sobrenatural que no guardaban relación alguna con la histeria.

En el mes de mayo de 1908, renuncia a la vida seglar, abandonando sus actividades médicas y docentes para recluirse en un convento en Italia y dedicarse a la vida religiosa.

El 4 de junio parte en secreto hacia Puerto Cabello donde finiquita todos sus asuntos legales embarcándose el 8 de junio rumbo Europa.

El 16 de julio ingresa en la Cartuja de la Farnetta de Lucca, Italia y recibe el nombre de Fray

Marcelo. Sin embargo, transcurrido algún tiempo por razones que escaparon a su voluntad se ve imposibilitado de seguir su anhelado proyecto de permanecer en vida conventual.

El 21 de abril de 1909 regresa al país ingresando de inmediato en el Seminario Metropolitano de Caracas como seminarista. Sus antiguos discípulos al enterarse de su regreso lo visitan y le piden que regrese a la docencia universitaria. Fueron los mismos estudiantes quienes solicitaron al ministro de Instrucción Pública la reincorporación del doctor Hernández a las cátedras que él había fundado en 1891 y es así como el 17 de mayo de 1909 es designado por segunda vez catedrático de las asignaturas: Histología, Bacteriología y Fisiología. Hubo hasta manifestaciones para celebrar el retorno del profesor a las aulas de clases.

No se sabe si llegó a escribir el libro **Elementos de Embriología** por cuanto nunca se ha tenido la evidencia física del mismo, sin embargo, el primero de mayo de 1910, la revista el Cojo Ilustrado publicó los Prolegómenos o prólogo de la referida obra. Veamos estos fragmentos: "la Embriología es la ciencia que estudia el origen, la generación y el desarrollo de los seres vivos; es una ciencia morfológica y propiamente de un ramo de la anatomía, no por eso deja de ser una ciencia auxiliar importantísima para la Fisiología; y aun podemos decir que en aquella se ventilan mejor los grandes problemas de la Fisiología, y la razón es porque en la Embriología podemos asistir, por decirlo así, a la apreciación de la función y en su sencillez original podemos apreciar y comprender mejor su mecanismo...Toda función, ha dicho Claudio Bernard, por complicada que parezca, puede reducirse en último análisis a un simple acto físico-químico...La Embriología nos confirma la veracidad de esta proposición, porque ella nos descubre en su simplicidad elemental, en su desnudez primitiva, el acto físico-químico productor de toda función embriológica; pero al propio tiempo nos descubre y nos demuestra de una manera evidente la existencia del principio vital. En efecto, si estudiamos un embrión vivo al microscopio, observamos que al aumentar la temperatura de la platina calentante, la circulación se acelera, para de esta manera aumentar la irradiación y librarse del exceso calórico; si la dejamos enfriarse nota el fenómeno inverso: lentitud de la circulación y disminución consiguiente de la irradiación. Si hacemos pasar una corriente de aire sobrecargado de oxígeno, se observa una vásculo-contracción que impide la oxigenación de la sangre. Si producimos una ligera desecación del embrión, se nota una ligera vásculo-constricción necesaria para disminuir la evaporación...Esta experiencia pone de manifiesto la existencia de actos físico-químicos como causa de toda actividad embrionaria, al mismo tiempo nos los manifiesta ordenados, dirigidos y gobernados por un principio superior que los hace concurrir al sostenimiento de la integridad del ser...Mas si por una causa cualquiera, por una elevación brusca y grande de la temperatura, producimos la muerte del embrión, entonces podemos observar que las fuerzas físico-químicas continúan obrando aunque con mucho menor energía; solamente que ahora no producen el mantenimiento del ser sino su descomposición total, porque, faltando el principio superior que antes las ordenaba y enderezaba a aquel fin, ahora obran desordenadamente, irregularmente, y en poco tiempo descomponen la frágil construcción embrionaria...Los fisiologistas, pues, que consideran la vida como una resultante de las fuerzas físico químicas productoras de los actos funcionales, pueden comprender al estudiar la Embriología, cuán infundada es su hipótesis; ella es, ciertamente infundada: primeramente porque en el orden lógico los componentes son anteriores a la resultante, de suerte que las funciones serían anteriores a la vida; y en segundo lugar, después de la muerte siguen obrando los mismos componentes y falta la resultante es decir la vida... La Embriología nos enseña en definitiva claramente que la Fisiología, la existencia en todos los cuerpos vivos de un principio superior que ordena, dirige, encadena, y gobierna las fuerzas físico-químicas para la construcción y conservación del ser, cuya separación acarrea la muerte, a pesar de la persistencia de aquellas fuerzas: este es el principio vital...Este principio superior existe ciertamente y es causa de la vida como hemos dicho; ignoramos cual sea su naturaleza en los vegetales y en los animales; por lo que respecta al hombre, sabemos y creemos firmemente que su principio vital que lo anima es el alma racional, libre, espiritual e inmortal, con forme lo tiene definido en su sabiduría infalible la Santa Iglesia Católica, Apostólica y Romana..."

Por primera vez expresa y reafirma de manera clara y pública su posición opuesta a las fisiologistas, quienes ven a la vida como la resultante de las fuerzas físico-químicas productoras de sus actos. Después de madurar su pensamiento en el silencio de la Cartuja, en el estudio de las ciencias experimentales, en la reflexión filosófica y en las enseñanzas de la iglesia, rompía el silencio enfrentándose a los positivistas.

La investigación científica también fue terreno fértil que cultivó con éxito. Ante la Academia Nacional de Medicina presentó algo más de una docena de trabajos científicos (siete trabajos de bacteriología y ocho estudios originales de investigación, dos de estos realizados en colaboración) en su mayoría publicados en la Gaceta Médica de Caracas, lo cuales fueron recibidos con gran acogida por los distinguidos académicos de su época. Entre estos se destacan: Angina de pecho de origen palúdico (en colaboración con el doctor Nicanor Guardia); Sobre el número de glóbulos rojos; De la Bilharziasis en Caracas; De la nefritis en la fiebre amarilla; Lecciones anatomo-patológicas de la pulmonía simple o crupal; Estudio sobre la anatomía patológica de la fiebre amarilla (en colaboración con el doctor Felipe Guevara Rojas); Tratamiento de la tuberculosis por medio del aceite de chaulmoogra, entre otros.

El 14 de septiembre de 1910 es nombrado profesor de la recién creada cátedra de Anatomía patológica.

Entre tanto su ejercicio médico profesional

paralelamente se incrementaba. Una manera indirecta para conocer como era el ritmo aproximado de su actividad profesional es a través de las fórmulas médicas por el emitidas y despechadas desde la Farmacia Altagracia. Así tenemos que de 1891 a 1900 hay 359 formulas; de 1901 a 1910 hay 2741 y de 1911 a 1919 aparecieron 4005 récipes. Claras demostraciones de su fama y prestigio.

Con una vasta cultura que llegaba a los dominios del dibujo, la pintura y el arte, nuestro biografiado además era versado en varios idiomas. Conocía bastante el latín y aun el griego, a pesar de la deficiencia de estos aprendizajes en el curso de nuestras humanidades; traducía y escribía correctamente el francés, el italiano, el inglés y el alemán. Del castellano ni que decir, sus clases, su conversación misma en giro de amenidad y donaire, así como sus escritos, denunciaban el avanzado provecho con que por propio aliento como por el hábil manejo de los clásicos, había explotado los ricos filones de la lengua materna, y de que sin blasonar nunca de escritor dejó donosas muestras.

Aquel año de 1912 es quizás el más productivo en producción literaria y filosófica.

El 12 de enero publica su libro **Elementos de Filosofía** el cual, apenas transcurridos algunos meses, la edición queda agotada siendo preciso lanzar una segunda edición a finales de ese mismo año. Caso insólito en nuestro país en la cual se hayan tenido que hacer en un mismo año dos ediciones de un libro de filosofía. No dudamos que el nombre del autor, tan acreditado como médico, así como excelente profesor universitario haya sido la garantía inicial a favor de su libro, sin embargo, algo mucho más real y valioso que el mero nombre del autor debía contener aquel volumen de **Elementos de filosofía**. Su intento no fue escribir nada nuevo en filosofía, sino más bien su finalidad fue claramente formativa, didáctica y estimulante.

Veamos algunos fragmentos de esta obra:

"...Ningún hombre puede vivir sin tener una filosofía. La filosofía es indispensable para el hombre, bien se trate de la vida sensitiva, de la vida moral en particular de la vida intelectual...El alma venezolana es esencialmente apasionada por la filosofía. Las cuestiones filosóficas la conmueven hondamente, y esta deseosa siempre de dar solución a los grandes problemas que en la filosofía se agitan y, que ella estudia con pasión.

La ciencia positiva, la que es puramente fenomenal, la deja la mayor de las veces fría e indiferente...Dotado como los demás de mi nación, de ese mismo amor, publico hoy mi filosofía, la que yo he vivido; pensando que por ser yo tan venezolano en todo, puede ser que ella sea de utilidad para mis compatriotas, como me ha sido a mí, constituyendo la guía de mi inteligencia. También la publico por gratitud. Esta filosofía me ha hecho posible la vida. Las circunstancias que me han rodeado en casi todo el transcurso de mi existencia, han sido de tal naturaleza, que muchas veces, sin ella, la vida me habría sido imposible. Confortado por ella he vivido y seguiré viviendo apaciblemente. Mas si alguno opina que esta serenidad, que esta paz interior de que disfruto a pesar de todo, antes que, a la filosofía, la debo a la Religión santa que recibí de mis padres, en la cual he vivido, y en la que tengo la dulce y firme esperanza de morir: Le responderé que todo es uno..."

Poniéndole quizás, punto final a esa contradicción que muchos erróneamente le apreciaban, como lo fue el haber sido un hombre de ciencia y a la vez un hombre de fe, tomado del mismo libro, serenamente, y de manera más reflexiva, él les expresa:

"...El origen del mundo se deduce fácilmente con solo considerar los seres que lo forman. Todos ellos son compuestos, relativos mudables temporales y contingentes; luego sería contradictorio el suponerlo eterno; por consiguiente, no pudiendo ser eterno ha debido tener un principio. Antes de existir el mundo es Imposible que se hubiera formado de la nada, porque de la nada, sin una causa eficiente, nada puede salir; pero como esta causa existe y es Dios, es evidente que Dios es quien ha creado el mundo de la nada. La manera como fue creado, no es posible conocerla científicamente, porque siendo ésta una cuestión histórica, ha de ser resuelta por el método histórico, es decir, por el método analítico con el criterio testimonial. En los momentos en que apareció el mundo no había testigos del fenómeno, luego es un problema históricamente insoluble y, por consiguiente, científicamente insoluble. Pero si no se puede saber dicho origen de una manera cierta, se pueden hacer hipótesis que lo expliquen y que sean útiles para la ciencia. Son dos las hipótesis que se han inventado para explicarlo. Según la más antigua, todos los seres existentes actualmente fueron creados, saliendo de la nada en el mismo estado de desarrollo en que se encuentran hoy, con sus especies fijas, separadas e independientes las unas de las otras; los siglos que han tenido de duración no las han modificado de una manera notable y a lo más han hecho desaparecer algunas de ellas. Esta hipótesis es poco admitida en la actualidad, porque no explica la formación de los seres existentes ni sus relaciones de una manera científica. Sabemos que en el universo las transformaciones se operan lentamente como lo demuestra el estudio del cielo en la formación y el desarrollo de los astros, así como también la formación de las diversas capas que constituyen la corteza. La segunda hipótesis es la teoría llamada de la evolución universal o aplicada especialmente al hombre, la doctrina de la descendencia. Esta hipótesis es mucho más admisible desde el punto de vista científico, es decir, que teniendo en consideración los hechos observados hasta hoy relativos a esta materia explica mejor el encadenamiento de los seres que pueblan el mundo pueden armonizarse perfectamente con la revelación. Podemos explicar el origen del mundo según esta doctrina de la manera siguiente: La primera operación de Dios en esta obra productora del mundo fue la creación de las fuerzas físicas y, de la materia imponderable. Apareció primeramente el éter, el cual vino a constituir el espacio en que habían de situarse los cuerpos; en seguida se produjeron en él los movimientos de vibración productores de la luz, del calor y de la electricidad. "Dijo, pues, Dios: Sea hecha la luz. Y la luz quedó hecha". Después dio el ser a la materia ponderable en forma de nebulosa, derivándola probablemente de la imponderable e inmensamente rica en energía; de ella, por una lenta y gradual evolución, habrían de irse formando los mundos siderales y también el nuestro obedientes a las leyes naturales establecidas en el plan divino. La tierra, empero, estaba vacía. Luego que se hubo formado la tierra, y que tuvo la temperatura conveniente, creó Dios la vida. Apareció la vida vegetal en sus primeros elementos, derivados de la materia mineral terrestre existente, los cuales probablemente no estaban constituidos al principio sino por un reducido número de tipos muy sencillos, de los cuales se fueron desarrollando, en el curso de largos siglos, las otras especies cada vez más perfectas y de estructura más complicada. "Dijo asimismo Produzca la tierra hierba verde y que dé simiente y plantas fructíferas que den fruto conforme a su especie, y con tengan en sí mismas su simiente sobre la tierra. Y así se hizo" En seguida creó Dios la vida animal. Su cuna fue el fondo del océano. En él aparecían algunas formas elementales, de las cuales habrían de derivarse en una evolución no interrumpida, las especies zoológicas actuales con todos sus representantes, hasta los grandes mamíferos acuáticos, hoy en vía de desaparecer. Pero el océano no sólo produjo sus habitantes naturales designados con el nombre general de peces, sino que se desarrollaron también las aves originalmente en su seno, las cuales vinieron enseguida a poblar la atmósfera, pues está demostrado científicamente que los peces y las aves aparecieron en la misma época en la superficie de la tierra. Dijo también Dios: "produzcan las aguas reptiles animados que vivan en el agua y aves que vuelen sobre la tierra, debajo del firmamento del cielo". Después creó Dios los demás animales de la tierra. Aparecieron, según parece probable, como en el mar, algunos tipos de muy simple estructura y de ellos se fueron derivando los otros, por las transformaciones debidas al medio en que se encontraban; por la necesidad funcional, que producía los órganos adecuados; por el hábito, que fortifica los órganos; por la lucha por la vida, que establece una selección natural; y por la herencia, que fija en la descendencia los caracteres adquiridos durante la evolución. Dijo todavía Dios: "produzca la tierra animales vivientes de cada género, animales domésticos, reptiles y bestias silvestres de la tierra según sus especies". Y así fue hecho. La tierra, el mar y el aire iban quedando poblados de los seres vivos, conforme el curso de los siglos permitía su lento desarrollo según el plan divino. Para hacer la obra maestra que faltaba todavía en la creación, hubo como una deliberación, a nuestro modo de entender en la mente divina, y fue entonces, después de esta como deliberación, que se produjo la palabra creadora omnipotente: "Hagamos al hombre a imagen y semejanza nuestra". La formación del hombre comprendió dos operaciones sucesivas: la referente al cuerpo, el cual se produjo mediante el arreglo conveniente de los minerales terrestres, los cuales, produciendo los elementos anatómicos y los tejidos naturales recibieron, siguiendo el mismo plan que en los otros animales, la organización suficiente e indispensable para que pudiera verificarse la segunda operación, la creación el alma simple espiritual, racional e inmortal que había de animarlo. Formó, pues, el Señor Dios al hombre del lodo de la tierra e inspiróle en el rostro un soplo o espíritu de vida, y quedó hecho el hombre viviente con alma racional. Como vemos, esta doctrina de la evolución concuerda perfectamente con la verdad filosófica y religiosa de la creación a la vez que explica admirablemente el desarrollo embriológico de los seres vivos, la existencia en ellos de órganos rudimentarios, la unidad de estructura y la unidad funcional de los órganos homólogos. La misma generación espontánea nada tiene de opuesto a la creación, pues muy bien puede admitirse que reunidos convenientemente los cuerpos minerales que han de constituir el cuerpo vivo, Dios concurra para animarlos, así como una vez reunidos el óvulo y el espermatozoide de la manera natural, Dios termina la formación del hombre, creando el alma que ha de animarlo. Y por otra parte, la doctrina de la descendencia recibe de la verdad de la creación un grado de verosimilitud sorprendente porque ninguna inteligencia bien equilibrada podrá nunca admitir que por pura casualidad las fuerzas físico-químicas, que necesitan dirección, hayan podido, en las distintas partes mundo, y en los distintos siglos, producir todos los hombres con una estructura y una organización siempre las mismas; es decir, con el mismo número de partes óseas en su esqueleto, con músculos y nervios enteramente idénticos, con igual número de órganos y de aparatos; y, no solamente con todas las partes del cuerpo necesarias para el funcionamiento de él absolutamente iguales, sino que hasta los órganos rudimentarios inútiles para el individuo, están presentes en todos los hombres revelando la identidad de los individuos de la raza humana, y manifestando claramente que sin la intervención divina, el mundo es completamente inexplicable para la ciencia. Respecto a la materia se ignora por completo su naturaleza; la ciencia actual supone que está formada de moléculas las cuales se componen de átomos, los que a su vez estarían constituidos por innumerables partículas en movimiento; ésta es una hipótesis que sirve para explicar las reacciones químicas y los fenómenos físicos de que la materia es asiento, la vida se revela a la observación no en su esencia, sino en sus manifestaciones, que vienen a ser las funciones de los cuerpos vivos. Entre estas funciones, la sobresaliente es la actividad. El cuerpo vivo tiene múltiples actividades que concurren a su desarrollo y conservación, y como estas actividades se reducen a actos físico-químicos, es necesario, para explicar la vida, suponer que hay además en dichos cuerpos un principio ordenador y director de las fuerzas físico-químicas, las cuales no pueden sin dirección producir los complicados movimientos de la vida. Este principio se llama principio vital. Separado de la materia viva, se produce en ella la muerte después de la cual continúan obrando las fuerzas físico-químicas, pero de una manera desordenada hasta que se produce la total descomposición del cuerpo. El principio vital del hombre es su propia alma racional"

Continuando con su producción literaria, el primero de junio publica en el diario el Universal, así como en la Revista el Cojo Ilustrado su **Visión de Arte** que es un cuento donde narra en primera persona, los estados alucinantes de un escritor que, bajo los efectos del cansancio y del fluido eléctrico de una atmósfera cargada de tempestad, experimenta vivencias de desencanto, arrobamiento y miedo. Por momentos ese escrito exalta la poesía, género literario que él consideró un arte divino. la más excelsa de todas las bellas artes. **En un vagón** es también un cuento (publicado en el Cojo Ilustrado el primero de julio de 1912) donde describe un diálogo entre un joven próximo a graduarse de bachiller, su madre y un tío, en el vagón de un tren que los lleva en un viaje imaginario. El diálogo es aprovechado por el tío para dictar una lección moralizante al sobrino acerca de la libertad humana, el libre albedrío, las inclinaciones y la conciencia. La madre facilita la conversación y desempeña el papel de conciencia moral al invocar las enseñanzas del catecismo. Los Maitines es otro cuento, publicado el primero de septiembre de 1912 en el Cojo Ilustrado, escrito en un lenguaje poético. La narración se desarrolla en la capilla del monasterio de los Cartujos, donde el coro entona un himno celestial en un ambiente de recogimiento. La composición integrada por el invitatorio, los nocturnos y las lecciones es una evocación espléndida a la gloria de Dios y a la creación. Los distintos cánticos, en un tono de alegría y esperanza, culminan pidiendo misericordia y perdón para las personas buenas, malas, dichosas y desgraciadas.

Podemos apreciar como nuestro biografiado, además de fundador de cátedras, médico esclarecido, clínico sagaz y maestro dedicado, realizó una contribución filosófica y literaria con un claro pensamiento ilustrado, espíritu refinado y amante de las bellas artes.

Muchos de estos atributos, solo le fueron reconocidos después de su muerte.

IX

Resumen de su actividad docente. El primero de octubre de 1912 por disposición gubernamental fue clausurada la Universidad, cesando su actividad docente. Pero si pudiéramos hacer un resumen de su actividad docente tendríamos que entre 1891 y 1912 dictó once cursos de histología, Fisiología y Bacteriología a los cuales asistieron 256 alumnos.

De ese total el 11% mereció la calificación de sobresaliente; el 18% distinguido; el 61% bueno; el 6% pasable y tan solo el 4% o sea 10 alumnos resultaron reprobados.

Es importante señalar que esa calificación la hacia una junta examinadora integrada por tres profesores. El rector, el vice rector y el secretario asistían al comienzo y al final de las pruebas atestiguándole su validez. De modo que las altas calificaciones alcanzadas por sus alumnos no dependían de la complacencia y/o debilidad de sus examinadores, sino de la calidad de su enseñanza, cuyos resultados eran reconocidos en cada uno por el jurado examinador.

X

Últimos intentos religiosos y nuevas actividades médicas y docentes.

En septiembre de 1913 viaja a Roma con la intención de ingresar a la vida religiosa en el pontificio Colegio Pío Latinoamericano. Allí permanece casi un año, hasta agosto de1914 cuando por razones de salud se ve forzado a regresar a Caracas. Cuando llega, la Universidad continuaba cerrada.

En septiembre de 1914 comienza a dictar clases de Histología en el Colegio Villavicencio de Caracas, actividad no remunerada que realiza hasta los primeros meses de 1915.

El Ministerio de Instrucción pública, en enero de 1916, crea la escuela de Medicina, desempeñándose como titular en las cátedras de histología, Fisiología y Bacteriología entre 1916 y 1919.

El 17 de marzo de 1917 viaja a Nueva York y Madrid para completar sus estudios de Embriología, retornando el 30 de enero de 1918, continuando junto con su actividad médica, la conducción de las cátedras justo, hasta el sábado 28 de junio de 1919.

En los últimos tiempos dictaba las clases

prácticas de 3 a 4 de la tarde, llagando siempre 15 minutos antes para revisar el material que le había alistado el preparador. El preparador seguía sus instrucciones para disponer las láminas y el uso de colorantes, reactivos e instrumentos que se utilizaría en la práctica.

Los miércoles asignaba a los alumnos los temas a desarrollar y que debían presentar los jueves en la tarde en cuartillas escritas a mano.

Habitualmente separaba los alumnos en grupos y hacía correcciones de los trabajos a cada uno en particular señalándoles los aciertos y errores. Normalmente cada grupo no pasaba de veinte. Hacía correcciones puntuales y ponía en práctica una crítica constructiva, pero al mismo tiempo podía ser sarcástico buscando que los alumnos afrontaran y superaran sus propios errores. Por demás esta decir, el vasto y profundo conocimiento que impartía en sus clases, en donde sus disertaciones gozaban de claridad y sencillez. Tenía una extraordinaria habilidad para comunicar el argumento más difícil en un discurso comprensible. Al final de la clase sus alumnos se le acercaban confiados en seguir discutiendo el tema tratado y él los atendía sin reparos poniendo en práctica una decidida vocación docente, transmitiéndole conocimientos que trataba de mantener al día, puesto que a lo largo de su vida nunca dejó de leer, ni de solicitar revistas especializadas, ni de adquirir libros que regularmente le llegaban de Francia. Por eso fue el docente que tuvo la más alta estima en el seno de la Facultad.

Su generosidad, disciplina y exigencia fueron rasgos que supo combinar con la tarea de enseñar. Ahora, con 23 años y cuatro meses en la docencia, dicto 32 cursos en las asignaturas de su especialidad, teniendo una asistencia total de 694 estudiantes de los cuales solo 15 resultaron reprobados.

El sábado 28 de junio de 1919 puntual como de costumbre llegó a las 3 de la tarde para dictar una lección de Bacteriología que versó sobre morfología, coloración, cultivo e inoculación del Bacilo de Hansen, causante de la lepra.

Terminó la clase refiriéndose a las manifestaciones clínicas de la enfermedad y antes de retirarse anunció que la próxima versaría sobre el cocobacilo de Pfeiffer.

Nunca ninguno de sus alumnos llego a imaginar que ese día seria su última clase.

XI

Abstraído en sus recuerdos, súbitamente volvió a la realidad, cuando tocan la puerta; al atender al recién llegado se entera que una humilde anciana, que vivía a unas pocas cuadras, entre las esquinas de Amadores a Cardones, necesitaba que fuera a verla, porque se sentía muy mal. No tarda mucho en arreglarse. Antes de salir le recomienda a su hermana María Isolina, que le dijera a su hermano Cesar Benigno (con quien siempre todos los domingos a esa hora se reunía), que había salido a ver una paciente, que lo esperara para hablar con él, sobre el viaje que le había preparado a Curazao, para que le examinara la vista un doctor de la Isla.

Con paso rápido sale de su casa. Serían la una y treinta de la tarde. Examina a la paciente, hace el diagnóstico y cuando se disponía a escribir la receta, se percata de que en aquella casa la pobreza era extrema; entonces decide el mismo ir hasta la farmacia Amadores, a media cuadra de allí, en toda la esquina, a comprar los medicamentos.

Muchos años después, en 1975, relató la señora Angelina Páez, por cierto, biznieta del general José Antonio Páez, y sobrina del doctor Luís

Razetti, testigo ocular de la muerte del doctor José Gregorio Hernández, que, a esa hora, ella estaba asomada en la ventana de su casa esperando a su novio. En ese entonces vivía en la casa N°29 entre las esquinas de Guanábano a Amadores, muy próxima a la esquina de Amadores. Serian como las dos de la tarde cuando ve al doctor Hernández entrar a la farmacia. Allí el joven Vitelio Utrera de 22 años, lo atiende, recibe la prescripción y le despacha los medicamentos.

Mientras esto sucedía, el tranvía eléctrico de la línea La Pastora identificado con el número 27 y conducido por el motorista Mariano Paredes, subía desde la esquina del Guanábano, por la calle Oeste 9 rumbo a Amadores. Detrás venía el vehículo marca Hudson Essex (uno de los 600 vehículos que circulaban por la Caracas de entonces) conducido por el señor Fernando Bustamante.

Justamente en la esquina de Amadores se detiene el colectivo a dejar unos pasajeros y esto coincide con la salida del doctor Hernández de la farmacia. Transcurrido algunos minutos, el chofer Bustamante decide pasar por la izquierda al tranvía estacionado, justo en el momento en que el doctor Hernández, baja la acera e intenta cruzar la calle. Tal vez abstraído y viendo detenido el colectivo, no advirtió el automóvil, que al pasar al tranvía e intentar tomar el canal derecho, lo atropella de lado, con el guardafango. Al recibir el impacto, él que llevaba en sus manos los medicamentos trató desesperadamente de mantener el equilibrio, pero sus piernas vacilaron sobre la calle empedrada, de modo que su cuerpo sin control, cae, choca con un poste metálico que estaba situado en la acera norte de la esquina de Amadores, precipitándose de espalda golpeándose la base de cráneo con el borde de la acera. Se le escucho exclamar "virgen santísima" y quedó tirado en la calle, en decúbito ventral o sea boca arriba inconsciente y sangrando copiosamente.

Fue un golpe violento que recibió en la región occipital, fracturando la base del cráneo, lesionando el cerebelo y el tallo cerebral, que luego de comprometer e inestabilizar sus funciones vitales le produjo la muerte por paro cardiorrespiratorio, hecho que posteriormente certificaría el doctor Luís Razetti. El doctor José Gregorio Hernández tenía 55 años.

El chofer Bustamante inmediatamente detuvo el vehículo y se volvió a ver si el arrollado se levantaba, pero al percatarse que seguía en el suelo, se bajó del vehículo y es cuando reconoce, que era su amigo, a quien le debía gratitud por los servicios profesionales que gratuitamente le había prestado a un familiar. Con la ayuda de una transeúnte monta al doctor Hernández en el vehículo y lo lleva al Hospital Vargas al cual llega sin vida.

Para ese momento, Cesar Benigno y María Isolina esperaban su regreso, cuando repica el teléfono. Era el maestro Luís Felipe Badaracco, conocido de la familia, quien casualmente viajaba en el tranvía, el que llamaba para notificar el arrollamiento del doctor Hernández el cual había sido llevado al Hospital Vargas.

A esa hora en el hospital no había médicos, solo estaban allí los bachilleres Rafael Otamendi y R.V. Astorga; el chofer Bustamante, acompañado por el primero, salen en el mismo automóvil a buscar en su casa al doctor Luís Razetti, quien al llegar al Hospital constata y certifica la muerte del doctor Hernández.

El capellán del Hospital, el Pbto Tomás García, le impuso los Santos Óleos y dándole la absolución.

La infausta noticia se riega por la ciudad, causando la más gigantesca consternación vista hasta ese entonces, enluteciendo el ambiente en una profunda melancolía. Caracas de alguna manera asumía la representación de país. El gobierno, el clero, la prensa, las academias, los estudiantes, el comercio, la sociedad y el pueblo entero, sin distingo de clases fueron protagonistas de la manifestación más suntuosa e imponente registrada en la República. Y esta acción no fue por hazañas ruidosas con armas, ni por el poderío de la elocuencia ante una tribuna, todo lo contrario, fue por el blando y silencioso prestigio del saber, de la virtud y de la caridad.

Hecho el reconocimiento de ley, al cuerpo del doctor Hernández, fue trasladado por sus familiares, del Hospital Vargas a la casa N° 57 donde habitaban José Benigno, Avelina y Hercilia Hernández, situada en la avenida norte entre las esquinas de Tienda Honda y Puente la Trinidad, por ser más espaciosa, mejor ubicada y más adecuada para atender a la gente que asistiría al velorio, que tendría lugar esa noche.

En efecto, allí llegaron gentes de todas partes, al punto que fue necesario colocar agentes de policía que pusieran orden en la calle, a fin de poder organizar la enorme concurrencia. Al día siguiente, lunes 30, todos los titulares de la prensa capitalina reseñaban los detalles del suceso y anunciaban los actos que se realizarían con motivo de las exequias.

Sin temor a equivocarnos, la muerte del doctor Hernández provoca en Caracas, una huelga general piadosa: los cines, los teatros, el comercio, los organismos públicos, hasta los bancos no abrieron sus puertas ese día. Por disposición gubernamental se convino que los restos mortales del doctor Hernández fuese llevado al paraninfo de la Universidad, que por cierto se encontraba clausurada desde octubre de 1912. La resolución del Ejecutivo Nacional declaraba que la muerte del doctor Hernández, profesor de la facultad de Medicina era motivo de duelo para todas las facultades de estudios superiores.

A las 9 de la mañana el féretro fue conducido en hombros, por los estudiantes de medicina desde el sitio del velorio hasta paraninfo de la Universidad, en un recorrido que duró algo más que una hora. Ante la triste mirada del pueblo de Caracas, el cortejo fúnebre pasó por las esquinas de Tienda Honda, la Merced, Mijares, Santa Capilla, Principal, las Monjas y San Francisco, siempre precedido por la gente humilde y trabajadores de todos los gremios. Entre las diez y media de la mañana y las cuatro de la tarde los restos mortales del doctor Hernández estuvo en el paraninfo de la Universidad, donde todos los poderes de la vida nacional le rindieron homenaje. Por vía de excepción, contraviniendo una medida sanitaria que permanecía vigente desde el 26 de octubre de 1910, según la cual el gobierno prohibía que los difuntos fueran llevados a las Iglesias, para prevenir el contagio de la peste bubónica, los restos del doctor Hernández fueron llevados aproximadamente a las cuatro de la tarde a la Catedral. Miles de personas ocuparon todos los bulevares del centro de Caracas, la multitud se extendía desde la Universidad y el Palacio federal hasta las puertas de la Catedral.

Los oficios religiosos fueron realizados por el Ilustrísimo señor arzobispo de Caracas, monseñor Felipe Rincón González. Concluidos los actos religiosos, aproximadamente a las cinco y cuarto de la tarde, se dispuso por solicitud del pueblo, conducir el féretro en hombros hasta el cementerio, encaminándose el cortejo hacia el sur pasando por las esquinas de Gradillas, Sociedad, Camejo, Santa Teresa, Cipreses, Hoyo, Castán, Palmita, cruzando ahora hacia el este, siguiendo por Tablitas, El Sordo, Las Peláez, ahora para acortar camino tomaron rumbo hacia Guayabal y Puente Hierro. Al llegar a la Roca Tarpeya y Portachuelo anochecía. La gente con velas y antorchas continuaron con el cortejo fúnebre el cual pasada las ocho de la noche llegó al

Cementerio General del Sur.

Antes de proceder al entierro, el doctor Luís Razetti pronunció estas palabras: "...Treinta y un años consagrados al perfeccionamiento del espíritu por el estudio de innumerables principios de la ciencia, y la meditación sobre los aun indescifrables misterios de la vida y de la muerte; Treinta y una años consagrados a la práctica del bien, bajo las dos más hermosas formas de caridad: derramar luz desde la cátedra de la enseñanza y llevar al lecho del enfermo junto con el lenitivo del dolor, el consuelo de la esperanza; Treinta y un años consagrados al cumplimiento del deber en el ejercicio de la Medicina con la incomparable abnegación de un verdadero filántropo de otras épocas y sin haber jamás proferido ni una queja contra la inagotable ingratitud de los hombres, constituyen la síntesis de la vida de este grande hombre, que al desaparecer hoy del mundo de los vivos, no deja ni una mancha, ni una sombra en el armiño eucarístico de su obra, excelsa, fecunda, honorable, patriótica, toda llena del más puro candor y de la más impenetrable fe. El candor y la fe fueron las dos grandes fuerzas que le conquistaron la más amplia inde pendencia espiritual, el más extenso dominio de sí mismo y la poderosa energía moral de su gran carácter. Por eso logró lo que muy raros hombres han logrado. Sobreponerse a las exigencias del medio, dominarlo a su antojo y amoldarlo a su voluntad. Aumentó su alma en las más puras fuentes del ingenio humano y fue sabio y fue artista. A la obra de la cultura nacional legó hermosos capítulos de ciencia alta y profunda y deliciosas páginas escritas en el más puro lenguaje del arte clásico. Fue médico científico al estilo moderno: investigador penetrante en el laboratorio y clínico experto en la cabecera del enfermo; sabía manejar el microscopio y la probeta, pero también sabía dominar la muerte y vencerla. Fue médico profesional al estilo antiguo, creía que la medicina era un sacerdocio, el sacerdocio del dolor humano y siempre tuvo una sonrisa desdeñosa para la envidia y una caritativa tolerancia para el error ajeno. Fundó su reputación sobre el inconmovible pedestal de su ciencia, de su pericia, de su honradez y de su infinita abnegación. Por eso su prestigio social no tuvo límites y su muerte es una catástrofe para la patria. Las lágrimas de toda la sociedad de Caracas caen hoy sobre esta tumba, pedazo de tierra caraqueña para siempre sagrada, como símbolo de la gratitud y de la veneración de un noble pueblo a la memoria de su alma, por la alteza de su pensamiento, por la sinceridad de su obra, y por, sobre todo, por el hermoso ejemplo que lega de cómo se puede ser sabio sin presunción y cómo se puede conquistar la verdadera popularidad dentro de los límites estrictos de la honradez y la virtud. Flores de los jardines del Ávila, traídos aquí por la mano de la amistad y del cariño, convertirán el tosco montón de tierra con que la piedad humana cubre los despojos de la muerte, en alta y robusta pirámide de fragantes pétalos; y mañana, cuando del incendio de la aurora surja nuestro sol, sobre la policromía de las flores, en el espacio lleno de luz, los ojos espirituales de las generaciones presentes y futuras leerán escrito con el impalpable polvo de oro de los espacios siderales JOSÉ GREGORIO HERNÁNDEZ..."

Concluidas las exequias, la gente resignada se fue retirando. Algunos días después el Diario el Universal recogió el siguiente trabajo de Lino Sutil que merece leerse: "...Cuantos príncipes, cuantos héroes, cuantos poderosos de la tierra llenos de orgullo y sedientos de gloria desearían para sí la solemne apoteosis que el pueblo y lo más granado de la sociedad de Caracas le hizo a aquel humilde médico que en vida se llamó José Gregorio Hernández. En toda agitación popular hay siempre una fuerza individual que se encarga de poner en movimiento el pesado mecanismo de las masas. Aquí no hubo agitadores. Cada quien llevaba en su pecho su propio agitador: su corazón. Si de súbito hubiera llegado a Caracas un extranjero curioso y hubiera preguntado ¿A quién llevan a enterrar con tanta pompa? ¿Quién es el que logra conmover así a la frívola ciudad? ¿Por quién lloran en la calle mujeres de rango y mujeres de pueblo? ¿Quién es ese caudillo que va a ser llevado en hombros al cementerio por letrados y científicos con los cuales el pueblo discute de ser el quien realice el postrero homenaje? ¿Quién es el héroe que arrastra detrás de su cadáver a las multitudes sollozantes y a cuyo paso por la ciudad se consterna la vida mercantil e industrial, las transacciones se suspenden y las cabezas del poder se inclinan abrumadas de dolor y respeto? Si alguien hubiera preguntado eso, habría sido una lección responderle: No, ese no era un príncipe, ni un caudillo, ni un poderoso de la tierra, ni siquiera un fatuo que compró la vida con oro o halagos intencionales esa solemnidad de funeral. Ese fue un hombre que estuvo siempre cerca del dolor y la pena y en silencio los remedió para que nunca nadie lo supiera…"

Desde el 30 de junio de 1919, los restos del doctor Hernández estuvieron en el Cementerio General del Sur hasta el 23 de octubre de 1975, cuando fueron exhumados y trasladados a la

Iglesia de la Candelaria, en Caracas donde actualmente reposan.

XII

¿Cuál fue el destino del señor Bustamante?

Aquel 29 de junio se levantó el expediente N° 32 el cual se encuentra archivado en la Oficina Principal de Registro Público del Distrito Federal. Consta de 62 folios, en su totalidad escrito a mano. En él se puede leer: "…a las 3 de la tarde se tiene conocimiento por aviso telefónico del cuartel de policía de esta ciudad, de que, en la esquina de los Amadores, un automóvil guiado por el chofer Fernando Bustamante, había derribado al doctor José Gregorio Hernández, quien a consecuencia del golpe recibido había muerto minutos después del accidente…" Se constituyó un tribunal en el lugar del suceso y se realizó una inspección ocular. Se nombraron peritos a los doctores Fran cisco Ignacio Carreño y Ramón Aveledo quienes aceptaron y tendrán a su cargo rendir un informe médico-legal y además se citaron a declarar a las personas que presenciaron el hecho incluyendo al señor Bustamante. El 30 de julio de 1919, el Fiscal del Ministerio Público dirigió comunicación al Juez de la causa imputando al ciudadano Fernando Bustamante por el delito de Homicidio perpetrado en la persona del doctor José Gregorio Hernández. El primero de agosto de 1919 los hermanos José

Benigno y César Hernández se dirigieron al Juez de primera instancia en lo criminal del Distrito Federal en los siguientes términos: "...Los suscritos doctor José Benigno Hernández y César Hernández, vecinos de Caracas, en nuestro nombre y en el de toda la familia del malogrado doctor José Gregorio Hernández, venimos a expresar a usted, en la exposición lo mismo que verbalmente comunicó a usted, el primero de los suscritos, acerca del proceso que se sigue en el tribunal que usted dignamente regenta, a Fernando Bustamante, conductor del automóvil que desgraciadamente produjo la muerte de nuestro inolvidable hermano. Queremos hacer constar que la familia Hernández, no ha pedido ni pide que se castigue a Bustamante, y así ninguno de nosotros se ha constituido en acusador el en proceso, porque estamos convencidos de que el infausto y nunca bien lamentado suceso en el que pereció el doctor José Gregorio Hernández, fue debido a un accidente imprevisto, sin intención delictuosa alguna del expresado Bustamante, ni culpa suya. Dios en los altos designios dispuso sin duda que el doctor Hernández falleciera del trágico e inesperado modo en que sucedió su muerte y nosotros nos conformamos con su soberana voluntad. Queremos cumplir un deber de conciencia haciendo a usted esta manifestación y tenemos la convicción de que el doctor José Gregorio Hernández, desde la morada de los justos en que esperamos se encuentre su alma, aprobará nuestra conducta..." Acto seguido el Fiscal de Ministerio Público Ramón Vásquez, con ocasión del informe para sentencia definitiva en el juicio seguido contra Fernando Bustamante por imputársele el delito de homicidio por imprudencia en la persona del doctor José Gregorio Hernández, llegó a las siguientes conclusiones: "...Primera: Por cuanto es un hecho suficientemente probado en autos, la muerte del doctor José Gregorio Hernández, ocasionada por el choque de un automóvil que guiaba el chofer Fernando Bustamante, el veintinueve de junio del corriente año, entre las esquinas de los Ama dores y el Urupal de la parroquia la Pastora. Segundo: Por cuanto en el debate judicial del plenario han sido destruidos los elementos del sumario que obraban en contra de Fernando Bustamante, en los cuales se funda el cargo fiscal, quedando por lo tanto desvirtuado este, al resultar comprobada la irresponsabilidad del encausado. Tercera: Por cuanto no existe ninguna culpabilidad en la ejecución del hecho, por lo cual se juzga a Fernando Bustamante, el fallo debe serle absolutorio, como lo pres cribe el segundo aparte del artículo 235 del código de Enjuiciamiento Criminal. Por tales razones, pido, respetuosamente al ciudadano juez lo dicte así, por ser de justicia. Caracas,17 de noviembre de 1919…" El expediente fue remitido a la Corte Superior el 2 de diciembre de 1919, en donde son promovidos numerosos testigos y analizado en el proceso realizado en el Juzgado de primera instancia en la criminal, así como las informaciones del Fiscal del Ministerio público, finalmente el 11 de febrero de 1920 la corte confirmó el fallo absolutorio acordado por el juzgado de primera instancia, quedando así en libertad el acusado. En la misma fecha se libró la boleta de excarcelación.

XIII

Que mejor tributo para nuestra juventud, al finalizar esta obra, quiero presentarles el cuento **En un vagón**, escrito por José Gregorio Hernández en el año 1912. Esta obra tiene un profundo contenido filosófico, con un estilo coloquial, por demás didáctico. El tema principal es la libertad del hombre, es decir, el libre albedrío. El estilo es descriptivo de hechos, personas y cosas yendo directamente al tema con sencillas razones, cuya lógica predomina frente a los errores del materialismo. El autor toma un tren y se encuentra en el mismo con una pareja y un joven estudiante. ¿Qué sucede? Veamos:

Una mañana fría y nublada, caminaba yo de prisa para llegar a tiempo a la estación ferrocarrilera antes de la salida del tren. Cinco minutos justamente antes de la partida tomé el vagón que se hallaba desocupado aún, y traté de elegir un buen asiento para hacer más cómodamente mi pequeño viaje, pues como de ordinario soy muy propenso al mareo, lo evito a veces situándome bien. Instantes después, acariciaba yo la halagadora idea de hacer mi camino sin compañía alguna, cuando entraron tres pasajeros más, de distinguido aspecto: un caballero al parecer de cincuenta años, tipo del perfecto gentleman, quien se tocó cortésmente el sombrero al pasar junto a mí; una señora, que al ponerme de pies para darle libre paso, me hizo una ligera cortesía; y un joven como de diez y siete años, de tan notable parecido con el caballero, que semejaban una misma persona vista a los 17 y a los 50, de tez pálida, cabellos y ojos negros, con la mirada profunda del que nace pensador. Vino a situarse a mi lado, y sin prestar atención a los movimientos precursores de la salida, abrió un libro y se entregó a la lectura. El caballero y la dama tomaron asiento a mi frente.

La señora vestía traje y sombrero negro de gran lujo y elegancia, y la dulzura de su fisonomía, al propio tiempo que todo el continente de su persona revelaba la distinción peculiar a las personas bien nacidas. Respiré con satisfacción pensando que si la compañía no aumentaba haríamos un viaje bastante agradable, y mayor placer experimenté al ver que en el instante de partir el tren, la señora hizo piadosamente la señal de la cruz. Entonces mi compañero arregló su libro lo más cómodamente que pudo para continuar su lectura, que por lo visto le interesaba de sobremanera. Movido por la curiosidad, traté de ver en su libro con discreción, mirando por encima del hombro, y leí lo siguiente: "El hombre naturalmente desea saber; la presencia de lo desconocido le molesta; todo lo que es misterio le inquieta y le estimula; y en tanto que le dura su ignorancia, experimenta él un tormento que cede su sitio de placer, cuando aquella llega ilustrarse".

La señora viéndole absorto en la lectura, dirigió la palabra a su acompañante con voz intencionalmente fuerte como para hacerse oír del joven: No me gusta ver que Carlos se entregue tanto a esas lecturas, las cuales me parece que le pervierten sus buenos sentimientos. El caballero sonrió con bondad fijando su mirada en Carlos, con el mismo agrado con que se viera en el espejo ahora treinta años. Carlos levantó los inteligentes y soñadores ojos y mirando a la dama y al caballero con gran ternura le dijo: Mamá no quiere que haga mis repasos, sabiendo que tengo que presentarme al examen de bachiller muy pronto. No es el repaso lo que me desagrada, replicó, sino que te veo con unas ideas raras y muy distintas de las que tenemos en casa. El caballero fijó de nuevo su mirada indagadora en el joven, y éste levantó un poco la voz como quien trata de expresar un profundo y firme deseo del alma: "Tío Felipe es que yo quiero saber".

La locomotora producía un gran estruendo en

las vueltas del camino, los árboles del bosque huían velozmente y los pájaros se levantaban en bandadas, mientras que el penacho de humo quedaba como señal efímera de nuestro paso.

Mira Felipe, dijo la dama, ayer no más me aseguraba que las buenas obras que hacemos no nos sirven de nada, porque nosotros obramos siempre a impulsos del motivo más fuerte y sin ningún mérito de nuestra parte. Su tío guardó un rato de silencio, al cabo del cual le dijo: Te has vuelto determinista a lo que veo, mi querido Carlos, y eso te perturba considerablemente, porque encuentras que tu filosofía purga contra tu religión. Carlos contestó: Yo desearía que alguien me pusiera de acuerdo esas cosas. Sin embargo, me parece claro lo que nos enseña la estadística. ¿no vemos que hay todos los años un número igual de matrimonios? Lo mismo acontece con los robos y con los homicidios. Un buen estadista calcula sin errar que dentro de dos años habrá un determinado número de estos sucesos, de la misma manera que un astrónomo indica los eclipses del sol y de la luna que se verificarán de aquí a diez años. La señora miró a don Felipe con zozobra y como suplicándole que ilustrara al adolescente. Don Felipe repuso: Analicemos bien ese argumento. Por ejemplo, todos comemos generalmente a las siete; si tú vas a la mesa con nosotros a esa hora,

¿lo haces de una manera necesaria, o te consta por el contrario que tendrías la libertad de no ir? Es claro que puedo no ir si así me place. ¿Aunque tuvieras mucho apetito, podrías dejar tu puesto vacío en la mesa? Sí, por cierto. Ya ves Carlos, que eres libre, puesto que no te dejas dominar por tu apetito y puedes triunfar de él. Y de todos los móviles humanos, los más poderosos son las inclinaciones físicas, que impulsan casi como instintos. Sí, dijo la madre con gozo, los Santos adquirieron la perfección en grado heroico, porque lucharon contra todos sus apetitos corporales y triunfaron de ellos.

Por mi imaginación pasó el recuerdo de aquel dulcísimo Francisco de Asís despedazando su carne virginal con las espinas de unas zarzas en una terrible noche de invierno, luchando violentamente contra la tentación y venciéndola. La máquina detuvo su marcha por breves instantes. Todos nos asomamos a las ventanillas. En el corredor de la pequeña estación estaban dos granujas vestidos de harapos. Uno de ellos dirigiéndose a su compañero le dijo: Vale, ahora me gano cuando menos tres reales con los pasajeros que vienen. El otro, levantando la mano derecha hasta el nivel de los ojos, y cerrando unos después de los otros dedos, le respondió: Veo...

El vagón continuó su interrumpida marcha y los pasajeros nos colocamos de nuevo en nuestros respectivos puestos.

Don Felipe continuó: Oye, pues, Carlos; la estadística nos enseña solamente los meses en que se verifican esos actos de que tú hablas, pero nada nos puede decir del estado psicológico de sus autores, el cual sólo puede ser conocido por la conciencia. Concedo que los argumentos a favor del determinismo dados por la estadística sean bien débiles, replicó Carlos, pero es que los hay más poderosos. Si se le sugiere un acto cualquiera a un histérico durante el sueño hipnótico, lo realizará al despertarse. Preguntémosle en seguida si lo ha hecho con entera libertad, y nos afirmará que así lo hizo. Y así lo ha hecho en efecto, porque la sugestión no obra sobre la voluntad sino indirectamente por el intermedio de la memoria y de la inteligencia. Los actos se verifican así: al producirse la reviviscencia del hecho sugerido, la inteligencia lo considera y ofrece a la voluntad, la cual lo acepta si es de su agrado, o lo rechaza en el caso contrario; de suerte que aún aquel que está influido por la sugestión, puede obrar libremente. Recuerdo haber leído la observación la observación de un notable neurologista. Se trataba de una histérica a quien se le sugirió que en la tarde del día siguiente saliera a paseo con su sombrero puesto al revés. En llegando la hora sugerida, todos oyeron que la enferma decía: Qué cosas tan raras se me ocurren. Solamente que estuviera loca me pondría el sombrero al revés. Y salió correctamente vestida. Ya ves tú que los histéricos, al aceptar la sugestión, lo hacen tan libremente que pueden rechazarla y practicar lo contrario. Carlos repuso: Y si admitimos la libertad humana ¡no nos ponemos en contradicción con la ley de conservación de la fuerza? ¿Tendríamos que admitir que un acto voluntario podría crear de la nada un movimiento intercurrente, cuando está demostrado que todo movimiento resulta siempre de un movimiento anterior? La voluntad libre, respondió don Felipe reposadamente, no crea ningún movimiento de la nada; lo que hace es servirse, poniéndolas en libertad, de las fuerzas almacenadas en los elementos musculares. Además de que la ley de la conservación de la fuerza está demostrada por un sistema cerrado e inerte y no lo está respecto de los seres vivos. Conforme Carlos se iba poniendo pensativo, la dama manifestaba ostensiblemente su alegría. Pero es lo cierto, volvió a decir Carlos, que nos decidimos siempre por el motivo más poderoso. No siempre dijo, don Felipe: por ejemplo, una persona obediente a los mandamientos de la Iglesia, no tomará el alimento antes de las doce en un día de ayuno, aunque tenga mucho apetito; mientras que el falderillo de tu casa al presentársele el alimento se lo comerá irremisiblemente si tiene hambre. En ese caso, dijo Carlos con aire de triunfo, el motivo más fuerte es la decisión de cumplir la ley del ayuno. Estás en la plenitud del error, mi sobrino, porque como acabo de decir, es un hecho demostrado por la experiencia de que todos los móviles humanos los más poderosos son los apetitos corporales, por lo cual lucha contra ellos constituye el lado dolo roso de la vida. Además, podemos verificar todos esos actos experimentalmente y siempre la conciencia nos atestiguará la existencia de la libertad. Yo observaba al joven y experimentaba una verdadera delicia ver que en su clara inteligencia había entrado la buena doctrina. En aquel momento, la máquina empezó a disminuir la velocidad y Carlos, levantándose de repente y dirigiéndose a la puerta exclamó: Ya llegamos. Después que hubo salido, dijo la señora: ¿Crees tú, Felipe que Carlos irá abandonando todas esas malas ideas y que podré verlo volver para siempre a su Catecismo, que con tanto desvelo le he enseñado? Tranquilízate, querida hermana, le respondió Don Felipe levantándose para salir; todos, unos más u otros menos, nos hemos divorciados del Catecismo en esa época de la vida, y hemos dado acogida a la novedad de esas ideas tan cónsonas con el estado psicológico producido por el cambio de la edad. Pero después, poco a poco vamos despojándonos de ellas y entonces florece espléndidamente la primera siembra, sobre todo cuando el sembrador fue una madre como tú. Yo me quedé con el corazón entristecido al pensar cuántos hay que permanecen definitivamente divorciados de Catecismo, por carecer de una mano amiga y amante que le haga fácil la vida......

BIBLIOGRAFÍA

Carvallo G, Manuel, José Gregorio Hernández. Un hombre en busca de Dios. Editorial Trípode. 300 pág. Caracas. 1995.

Contreras A, Floreal, Vida del Doctor José Gregorio Hernández. Publicaciones Universidad de Carabobo. 203 pág. Valencia. 1997.

Díaz Álvarez, Manuel, El Médico de los Pobres. Doctor José Gregorio Hernández. Ediciones Paulinas. 155 pág. Caracas. 1990.

Hernández Briceño, Ernesto, Homenajes al Doctor José Gregorio Hernández. Tipografía la Nación. 805 pág. Caracas 1945.

Hernández Cisneros, José G, Elementos de Filosofía. Editorial el Cojo. 220 pág. Caracas. 1912.

Núñez Ponte, JM, Doctor José Gregorio Hernández. Ensayo crítico biográfico. Editorial Cecilio Acosta. Impresores unidos. 286 pág. Caracas 1944.

Ortiz, Carlos, José Gregorio Hernández. Cartas selectas 1888 1917. Libros El Nacional. 151 pág. Caracas 2000.

Razetti, Luís, ¿Que es la vida? Obras completas. Tomo III Biología. Imprenta nacional. 300 pág. Caracas 1907. 107

Rojas, Carlos, Filosofía en Medicina. II. Ediciones Universidad de Carabobo. 333 pág. Valencia 1995.

Sanabria, Antonio, José Gregorio Hernández de Isnotú. (1864 1919) Ediciones biblioteca Universidad Central de Venezuela. 166 pág. Caracas 1977.

Suárez, Matilde, José Gregorio Hernández. Biblioteca Biográfica Venezolana. C.A. editora El Nacional. 127 pág. Caracas 2005.

Vélez Boza, Fermín, José Gregorio Hernández. Obras Completas. OBE. 1227 pág. Caracas. 1967

Yaber, Miguel, José Gregorio Hernández. Editorial Trípode. 300 pág. Caracas 1988

ACERCA DEL AUTOR

Gonzalo Medina Aveledo, estudió Medicina en la Universidad de Carabobo. Se especializó como médico Ginecobstetra al ser esta disciplina la que más se relacionaba con su manera de ser. Tiempo después en la Universidad de Carabobo, realizó Maestría en educación mención Desarrollo Curricular y luego se doctoró en Ciencias médicas, obteniendo en ambas, menciones honorificas.

Desde su época de estudiante no solo estuvo motivado por los aspectos médicos-científicos de las ciencias médicas sino también por los humanísticos referentes a su profesión.

Ha llenado todas sus aspiraciones que le han permitido ingresar a la docencia en la facultad Ciencias de la Salud de la Universidad de Carabobo, en la cual hoy es profesor titular, sembrando en la tierra fértil de los estudiantes de pregrado, postgrado, maestría y doctorado, la importancia de que el paciente es un ser humano biopsicosocial y que en el condicionamiento de su enfermedad es importante indagar todos los aspectos de manera integral incluyendo el entorno que lo ha acercado a la epigenética hasta los aportados por la física cuántica que configura los planos emocionales, sutiles y espirituales. Así con el tiempo funda en la escuela de Psicologia de la Universidad Arturo Michelena, la catedra Psiquismo fetal, única en su estilo, en Venezuela.

El Doctor Medina Aveledo es Locutor profesional, que ha laborado en varias emisoras del país, entre las cuales se destacan Radio Universo (Palacio radial, Barquisimeto), Ondas del Mar (Puerto Cabello), Amiga 89.5 FM y Wtcradio.net en la ciudad de Valencia. En el campo periodístico, ha sido columnista de varios medios impresos de la región; en la actualidad deleita a los lectores a del diario carabobeño Notitarde, en su columna semanal de los jueves En Armonía fetal, con importantes temas relacionados con las emociones maternas.

Como escritor y ensayista ha publicado diversos artículos científicos en revistas médicas indexadas, así como una docena de libros en el campo de su profesión médica y cómo biógrafo de tres venezolanos ilustres, su pluma ha plasmado en el papel para a las nuevas generaciones, como estos tres personajes son ejemplo a seguir. Ellos son Renny Ottolina, Luis Razetti y José Gregorio Hernández.

Una experiencia mística derivada de una actividad cuando fue elegido por unanimidad Padrino de la promoción 50 de médicos cirujanos del Hospital Universitario Dr. Ángel Larralde, Universidad de Carabobo, despertó en el doctor Medina Aveledo escribir las biografías de Hernández y Razetti, ambas dedicadas a sus estudiantes universitarios de siempre.

www.ingramcontent.com/pod-product-compliance
Ingram Content Group UK Ltd.
Pitfield, Milton Keynes, MK11 3LW, UK
UKHW022021190726
13853UKWH00005B/2048

9 789801 218982